貧困克服への挑戦

構想 グラミン日本

グラミン・アメリカの実践から学ぶ 先進国型マイクロファイナンス

Grameen Nippon Initiative

菅 正広

Masahiro KAN

明石書店

目次

序　文

誰でも他の人を助けてその問題を解決したいという、強い無私の志を持っていると私は信じています。無私の志は個人的な利益を得たいという欲求と同じくらい強いものです。しかし、現代の資本主義は人間のこの強い志を活かすことに関心を払ってきませんでした。その結果、世界経済は利己に偏った成長を続けてきました。世界で最も富裕な八五人が世界の人口の底辺から半分の人々の富を合わせた以上の富を所有するまでになっています。経済が成長すればするほどこの不均衡はひどくなっています。リソースが不足していることが問題なのではなく、最も必要としている人にリソースが届かない経済システムになっていることが問題なのであり、人々が自らの持つ創造力に気付いて、その力を発揮できるような制度・政策になっていないことが問題なのです。ソーシャルビジネスは現在の資本主義の、この根本的な概念的枠組みの欠陥を正そうとする試みです。また、人々が持っている無私の心に基づいた新しいタイプの事業形態を取り入れることで新しい形の資本主義につながるものです。飢餓、ホームレス、疾病、汚染、無知といった人類が長い間苦しんできた社会・経済・環境問題の解決に取組む「無配当の会社」というべきビジネスです。利己の欲求と同時に無私の志を併せ持つ多次元的な人々がいる国では、社会問題の根絶を目指すイニシアティブは個人や組織体から自発的に現れてくるものです。

貧困問題においてこそこのようなソーシャルビジネスの真価が問われます。失業はソーシャルビジネスによって起業に変わることができます。失業者は起業者に、求職者は雇用者になり得るのです。マイクロファイナンスは今や世界中に知られるようになったソーシャルビジネスの一つの形です。バングラデッシュのジョブラ村で始まったマイクロファイナンスは世界中に広まりました。今や世界中のほとんどすべての国にマイクロファイナンスのプログラムがあります。これはアジア、アフリカ、中南米の開発途上国のみならず欧米先進諸国にも言えることです。グラミン・アメリカは今やニューヨーク、オマハ、インディアナポリス、シャルロット、サンフランシスコ、ロサンゼルス、ヒューストン、ボストンなどたくさんのアメリカの都市で稼働しています。各地の女性が小規模のビジネスを始めたり既存のビジネスを拡大したりできるよう少額の融資が無担保で実行されています。借り手の女性たちの多くはシングルマザーで、尊厳のある人間らしい暮らしができるようにと頑張っています。グラミン・アメリカの成功で明らかになったことは、最も発達した銀行制度を持ち世界で最も富裕な国でさえも、金融アクセスが皆無もしくは不足している何百万もの人々が銀行業務に大きなニーズを持っているということです。菅正広氏を強く引き付けたのはこのようなグラミン・アメリカの活動です。

私が初めて菅正広氏に会ったのは二〇〇八年、ダッカのグラミン銀行においてでした。当時、彼は北海道大学の教授をしていました。それ以来、私たちはよい友人として共に働いてきましたが、彼はその間大学と行政の間を行き来してきました。アフリカ開発銀行勤務時には、素晴らしいイニシアティブを発揮してアフリカにマイクロファイナンスとソーシャルビジネスを普及させるサポートをしてくれました。これはアフリカにとって画期的な出来事になりました。それで、私は彼が二〇一三年にコロンビア大学に来てグラミン・アメリカとともに働くことに関心があると聞いた時には嬉しく思いました。彼はグラミン・アメリカがアメリカでどのようにマイクロファイナンスを実践しているのかを観察してグラミン日本を設立する可能性を模索しました。本書『構想　グラミン日本』で、菅正広氏は現在の日本の社会経済状況にマイクロファイナンスを応用する可能性に深い洞察を加えています。バングラデッシュとアメリカと日本の違いの観察に基づいて、グラミン日本が日本でマイクロファイナンスを行うには何か調整が必要なのか、必要だとすれば何が必要なのかを本書は論じています。本書は実務家や研究者の必読書であり、特に日本の政策立案者に大きな影響を与えるものと確信しています。

貧困や失業のない世界を創ることは私たちが強い決意で臨めば実現可能なことだと私は固く信じています。望みを叶えるにはそれを心から信ずることが大切です。目標を達成するためには適切な概念、制度、技術、そして政策を創り出さなければなりません。目標が不可能に見えれば見えるほど、その仕事はワクワクしたものになります。ソーシャルビジネスは日本が直面する問題に取り組む有力なツールになるでしょう。（菅）正広氏の著書はその実現のために貢献できるものです。

二〇一四年四月一四日

グラミン銀行及びグラミン・アメリカ創設者
二〇〇六年ノーベル平和賞受賞者
ムハマド・ユヌス

dedicated to serving the unserved and underserved millions. It is the Grameen America's activities that keenly interested Masahiro Kan.

I met Masahiro Kan for the first time at Grameen Bank, Dhaka in 2008, when he was professor of Hokkaido University. Since then we have been good friends and working together, while he has come back and forth between academia and administration. During his tenure of the African Development Bank, he took the amazing initiative to support disseminating microfinance and social business in Africa, which was quite a game changer for Africa. So I was happy to hear that he was coming to Columbia University in 2013 and interested in working with Grameen America. He has explored the possibilities of establishing Grameen Nippon by examining how Grameen America is practicing microfinance in the US. In this book *Grameen Nippon Initiative*, Masahiro Kan provides a great insight into microfinance's applicability to the current Japanese social and economic situation. It discusses what adjustments, if any, Grameen Nippon would need to make microfinance work in Japan, based on his observations of differences among Bangladesh, the US and Japan. His book is an essential read for practitioners, researchers, and especially, I believe it will have a significant impact on policy makers in Japan.

I firmly believe that we can create a world without poverty and without unemployment if we are determined to do so. We'll have to believe in our wish list if we hope to make it come true. We'll have to create appropriate concepts, institutions, technologies, and policies to achieve our goals. The more impossible the goals look, the more exciting the task becomes. Social business will be a powerful tool to address the problems Japan is facing. Masahiro's book can contribute in making it happen.

April 14, 2014

Muhammad Yunus
Founder, Grameen Bank and Grameen America
2006 Nobel Peace Laureate

Foreword

I believe everyone has a strong selfless impulse–a desire to help others and solve human problems. Selflessness is just as powerful as the desire for personal gain. But current version of capitalism has never cared to make use of this strong urge in human beings. As a result, the world economy has continued to grow in a lopsided way, in a selfish way, like 85 wealthiest people owning more than the combined wealth of bottom half of the world population. Imbalance is getting worse as it grows. The problem is not lack of resources–it's the failure of our economic system to make those resources accessible to the people who need them most, and also absence of institutions and policies to enable people to recognize their own creative power and unleash them. Social business is an attempt to fix this fundamental flaw in the conceptual framework of present-day capitalism. Social business leads to a new form of capitalism by including a new kind of enterprise based on the selflessness of people. It's a kind of business described as a "non-dividend company," dedicated to solving social, economic, and environmental problems that have long plagued humankind---hunger, homelessness, disease, pollution, ignorance. In an economy populated by multi-dimensional people with both selfish and selfless urges at the same time, self-induced initiatives from individuals and corporate bodies will take place to eradicate social problems.

Poverty is a major testing ground to find the validity of the claim social business. Unemployment can be turned into entrepreneurship through social business. It can transform job-seekers into job-givers. Microfinance is a form of social business the world is now familiar with. Microfinance, which began in the village of Jobra in Bangladesh, has spread around the globe. There are now microfinance programs in almost every country in the world, not only in developing countries in Asia, Africa and Latin America but also in developed countries like the United States and Europe. Grameen America is now operating in many American cities such as New York City, Omaha, Indianapolis, Charlotte, San Francisco and Los Angeles, Houston, and Boston. It is providing small collateral-free loans to local women to start modest businesses or expand their existing businesses. Most of them are single mothers struggling to make a living with dignity. Its success demonstrates that even in the richest country in the world with the most sophisticated banking system, there is a huge need for banking

はじめに

グラミン・アメリカを知っていますか?

バングラデッシュのグラミン銀行を創設しノーベル平和賞を受賞したムハマド・ユヌス博士がアメリカに設立したマイクロファイナンス機関である。グラミン銀行のビジネスモデルを応用してアメリカ国内の貧困層にマイクロファイナンスを実行し、アメリカの貧困対策の一つになっている。二〇〇八年にニューヨークに最初の支店を開設して以来、今や全米に一〇以上の支店を展開して急成長を遂げ、さらに拡大を続けている。ここで、マイクロファイナンスとは「通常の金融から排除された貧困層・低所得者層に対する小規模の融資・貯蓄・保険・送金などの金融サービス」のことである。

日本にあってアメリカにないものももちろんあるが、アメリカにあって日本にないものがある。その一つが先進国版グラミン銀行のグラミン・アメリカである。日本にはまだ「グラミン日本」はない。

グラミン・アメリカは、貧困・格差という大きな社会問題に直面するアメリカでマイクロファイナンスによって、金融排除されたアメリカの貧困層の貧困脱却や社会的包摂を支援することをミッション（使命）としている。グラミン・アメリカはこの貧困削減という本来のミッションの意義のほか、次の三点において画期的な意義を有している。

第一に、グラミン・アメリカは、アジアやアフリカなど途上国のものと思われていたマイクロファイナンスに対する従来の通念を、事実をもって反証することによって打ち破った。

マイクロファイナンスについては、五人組のグループ・レンディングは途上国のもので先進国では実施できるはずがない、個人主義が発達しコミュニティ意識の希薄な都会ではなおさら無理だ、収入・所得増加のためのマイクロファイナンスは先進国では行えないなどとしばしば言われてきた。ところが、グラミン・アメリカは、GNP世界随一の先進国であるアメリカで、しかも大都会のニューヨークで五人組のグループ・レンディングのマイクロファイナンスを実施している。少額の融資がアメリカの貧困層の所得を生み出す事業に使われ、今や全米各都市に拡大している。二〇〇八年にニューヨーク市クィーンズ区ジャクソン・ハイツに第一号支店を開設して以来、二〇一三年九月現在、借り手一八、七六〇人、融資額一億三〇〇万ドル（約一〇〇億円。二〇一三年一一月の平均為替レート一USD＝約一〇〇円で換算。以下同様）の実績を上げている。返済率は九九・八％（貸倒率は〇・二％）で、ほとんど貸倒れがない。支店はニューヨーク市内の六支店をはじめ、オマハ（ネブラスカ州）、インディアナポリス（インディアナ州）、シャルロット（ノースカロライナ州）、ロサンゼルス（ボイルハイツ）（カリフォルニア州）、サンフランシスコ（ベイエリア）（同）など全米に一一支店を展開している。さらに、二〇一四年にユニオンシティ（ニュージャージー州）、ボストン（ケンブリッジ）（マサチューセッツ州）、オースティン（テキサス州）、サンフランシスコ（サン・ノゼ）（カリフォルニア州）、ロサンゼルス（ウエストレイクス）（同）、ノースオマハ（ネブラスカ州）に六支店を開設し、二〇一七年までには全米二三都市、一〇〇支店に拡大する計画である。このマイクロファイナンスの仕組みは個人主義が発達しコミュニティ意識の希薄なアメリカの都会で応用できないどころか、むしろ、それまでにはなかったコミュニティや人々のつながり、ソーシャル・ネットワークを創り出してさえいるのである。

それにしても、

・グラミン・アメリカは先進国アメリカの、しかも大都会ニューヨークで実際どのような具体的な仕組みでマイクロファイナンスを行っているのだろうか？

・コミュニティ意識の希薄な先進国の都会で不可能と思われていた、五人組を作るグループ・レンディングの手法を用いて、なぜグラミン・アメリカはマイクロファイナンスを実施できたのだろうか？

・グラミン・アメリカの借り手の女性たちは実際どのようにして五人組のグループを作り、借りたお金でどんなビジネスをしてローン返済をしているのだろうか？

・金融技術が発達し、銀行のほかにも消費者金融、カードローンを始めペイデイや地域開発金融機関（ＣＤＦＩ）など多様な金融機関や金融商品にあふれているアメリカで、どうしてマイクロファイナンスが存在する余地があるのだろうか？

・アメリカの貧困・格差問題が近年クローズアップされてきたとはいえ、貧困層・低所得層に対する社会保障制度などセーフティネットもそれなりに整備されているはずのアメリカで、どうしてマイクロファイナンスが必要とされているのだろうか？

など多くの疑問があるだろう。

本書では、アメリカの貧困の状況、社会福祉や金融機関・金融商品などアメリカの制度の現状を踏まえつつ、上記のような疑問についても考えていくこととしたい。

グラミン・アメリカの第二の意義は、従来、開発と言うと先進国の進んだ制度、考え方、技術、ノウハウなどをいかに途上国に移転するかという視点から考えられることが多かったが、グラミン・アメリカはこの考え方をひっくり返すインパクトを持っていることである。

すなわち、これまでの開発は北の先進国が技術等を南の途上国に移転することと考えられていたのが、グラミン・アメリカは、それとは逆に、南の途上国が北の先進国に経済社会問題の解決策を示し、人材、技術、ノウハウを移転して問題を解決できることを理屈ではなく事実をもって証明した。この「逆開発」の現象は世界の国々の開発・発展に新しい潮流を示すものと言えよう。

今や四、六五〇万人という、七人に一人の国民が貧困ライン以下で生活しているアメリカでは貧困・格差問題は避けて通れない問題になっている。また、四世帯に一世帯以上（二八・三％）の世帯が、銀行口座を持たず銀行の金融サービスをまったく受けられないか、不十分にしか受けられない中で、数百％もの高金利を課す高利貸しが跋扈している。このように貧困・格差問題に悩むアメリカに、途上国であるバングラデッシュ発のマイクロファイナンスの手法・ノウハウを使って、しかもバングラデッシュ人がアメリカにやって来てアメリカの貧困層の貧困脱却のために技術支援を行っているのがグラミン・アメリカである。これはなにもグラミン・アメリカの理事長であるユヌス博士だけのことを言っているのではない。グラミン・アメリカのオペレーションはシャー・ネワズ・オペレーションCEOを始め、アブダス・サレム・ニューヨーク支局長や各支店の支店長などバングラデッシュのグラミン銀行で経験を積んだ精鋭スタッフがオペレーションの中核を担っている。

さらに、ユヌス博士はこの「逆開発」をマイクロファイナンスという金融の分野からアメリカの医療・保健の分野に広げている。バングラデッシュでは高額な医療に手の届かないグラミン銀行の借り手に良質で安価な医療サービスを提供するグラミン・カルヤンが設立されている。このバングラデッシュの医療・保健のビジネスモデルをグラミン・アメリカの借り手の女性たちに応用するため、二〇一三年にグラミン・プリマケアがニューヨークに設立された。このグラミン・プリマケアは現在ホットイシューのオバマケアでもカバーされない人々をカバーしようとするソーシャルビジネスの取組みである。

また、ユヌス博士が会長を務める「ユヌス・ソーシャルビジネス」（ドイツ・フランクフルトに拠点）などの活動を通して、ユヌス博士の唱えるソーシャルビジネスのアイデアは世界中に広がり、先進国・途上国の社会経済問題の解決のために、これまでは政府や国際機関が行っていた開発事業がソーシャルビジネスによって手がけられている。南から北へ、そして南から南へと従来の北から南への潮流に加えて新たな潮流が起きている。

本書では、南（途上国）のアイデア、人材、技術、ノウハウが北（先進国）のアメリカの貧困問題という経済社会問題を解決している状況をグラミン・アメリカの事例を中心に、グラミン・プリマケアやユヌス・ソーシャルビジネスの活動にも触れながら考えていくこととしたい。

第三に、グラミン・アメリカの重要な意義は日本へのインプリケーション（含意）である。貧困・格差問題が避けて通れない段階に達しているのはアメリカだけではない。日本でも生活困窮者の増加に歯止めがかからず、生活困窮者に対する最後のセーフティネットである生活保護の受給者は二〇一一年度に二〇六万人を超え、第二次世界大戦後に生活保護制度が創設されて以来、史上最多の人数を記録している。最近一五年ほどで生活保護受給者は一〇〇万人以上増加し、二倍以上になった。しかも現行の生活保護の捕捉率（生活保護基準以下の収入で暮らす世帯のうち、実際に生活保護を受給している世帯の割合）は極めて低く（先行研究等によれば一～三割）、生存権以下の貧困層が適切な給付を受けられない状況が懸念される。生活保護については、不正受給と同時に漏給も取り組まなければならない大きな問題になっているのである。

ＯＥＣＤによれば、日本の相対的貧困率（全国民の可処分所得の中央値の半分に満たない可処分所得の国民の割合）は二〇〇九年には一六・〇％と先進国Ｇ７の中でアメリカの一七・一％に次いで高い。政府は、二〇〇九年に初めて貧困ラインをＯＥＣＤと同様の手法で計算し公式に発表した。それによれば、貧困ラインは一人当たりの可処分所得一一二万円（二人家族で一五八万円、三人家族で一九四万円、四人家族で二二四万円）未満に設定された。相対的貧困率は一九八五年の一二・〇％以来上昇を続け、二〇〇九年には一六・〇%と過去最悪で、日本の国民六人に一人の約二、〇〇〇万人が貧困ライン以下の貧困状態で暮らしている（二〇一〇年国民生活基礎調査）。

貧困問題は、個人の視点から見れば、いつ、何が起こるか分からない現代社会に生きる私たちにとって今や他人事ではなく、明日は我が身の問題になっている。また、社会全体の視点から見れば、貧困問題はそれを放置しても、将来、必ずフォローアップが必要になり、社会的コストが増大する形で確実に私たちの社会に跳ね返ってくる問題であり、早急に取り組まなければならない課題である。むしろ、有効な対策が早く取られれば取られるほど社会的コストは少なくなるという関係にある。

先に述べたように、日本では、いまだにマイクロファイナンスはアジアやアフリカなど途上国のものと思われていることが多い。そのような中で、グラミン・アメリカが事実をもって示したことは貧困・格差問題に直面する日本にどのようなインプリケーションがあるのだろうか？

かつてグラミン銀行のビジネスモデルであるマイクロファイナンスを日本でも行えるかどうか議論された時、日本はバングラデッシュとは社会経済状況が異なる先進国なので、そのようなマイクロファイナンスはできないと言われた。グラミン・アメリカがマイクロファイナンスを先進国アメリカで実践している事実を確認できた現在ではどうだろうか？　アメリカでできたことは日本でもできるのか？　バングラデッシュやアメリカでできたことでも日本ではできないのか？　あるいは、どこかを変更すればできるようになるのか？　グラミン・アメリカは私たちがマイクロファイナンスを日本の問題として改めて考える機会を提供してくれている。

本書では、途上国バングラデッシュ、先進国アメリカと日本を比較して、貧困の状況などマイクロファイナンスを巡る社会経済状況の相違点と共通点を考える。そして、アメリカでできたグラミン銀行の日本版「グラミン日本」は果たしてできるのかどうか、アメリカ同様に貧困・格差問題が深刻化している日本へのインプリケーションを考えたい。

本書の目的は、このようなグラミン・アメリカの意義について、実際にグラミン・アメリカ及びグラミン・プリマケアにシニア・アドバイザーとして関与させてもらいながら、観察し、調査研究したことを考察することである。

本書の構成は、第一章「アメリカの貧困と金融アクセス」でアメリカの貧困の現状を概観した後、貧困層の金融アクセスはどうなっているのか、アメリカの社会保障制度、慈善団体、営利ノンバンク、地域開発金融機関（CDFI）、マイクロファイナンス機関、個人間金融（P2P）の状況を見ていく。続く第二章「グラミン・アメリカのビジネスモデル」で、グラミン・アメリカの組織、具体的な融資スキーム、ローン実行の基本構造、ビジネスモデルの特徴について見る。第三章「グラミン・アメリカの借り手の女性たち」では、第二章で述べたグラミン・アメリカの仕組みを借り手の女性たちの視点から検証する。彼女たちの実際のストーリーによってグラミン・アメリカがどのようにアメリカで機能しているのかがより具体的に理解できるだろう。第四章「グラミン銀行とグラミン・アメリカ」では、バングラデッシュとアメリカの社会経済状況はどこが同じで、どこが違うのかを比較し、グラミン・アメリカはグラミン銀行のどこを変更・修正し、アメリカに応用したのかを考える。そして、バングラデッシュからアメリカにいかにマイクロファイナンスの知恵が移転したのか、「逆開発」ともいうべき現象をグラミン・プリマケアやユヌス・ソーシャルビジネスにも触れながら考えていく。第五章「日本への応用可能性」では、グラミン・アメリカの実例を踏まえ、それが日本に与えるインプリケーション（含意）をバングラデッシュ、アメリカの社会経済状況との違いや共通点を踏まえて考えたい。グラミン銀行やグラミン・アメリカのどこかを変更・修正すれば、「グラミン日本」に応用可能なのかを検討し、非グラミン型のマイクロファイナンスのバリエーションについても日本への応用可能性を考えたい。最後に、日本のマイクロファイナンス発展のために法制度の整備や政策支援のあり方、方向性について考える。

第一章から第三章は事実関係や調査結果の報告に力点が置かれているので、グラミン・アメリカがいかにグラミン銀行の仕組みをアメリカに応用したのかに主な関心がある読者は先に第四章を、また日本への応用に主な関心がある読者は先に第五章を読まれてから、前の章に戻られても本書の大要はご理解いただけるだろう。また、グラミン・アメリカのビジネスモデルの前に、そもそものバングラデッシュのグラミン銀行の仕組みを確認しておきたい読者には、第二章に先立って第四章Iの「グラミン銀行の仕組み」を参照されたい。

本書の執筆に当たっては、ムハマド・ユヌス博士、グラミン・アメリカのヴィダー・ヨルジェンセン会長、シャー・ネワズ・オペレーションCEO、キャサリン・ローゼンバーグ執行副社長、ハワード・アクセル上級副社長、アブダス・サレム・ニューヨーク支局長、アレシア・メンデス総務部長をはじめ多くのスタッフやメンバー、そしてグラミン・プリマケアのアリソン・シュワルツ共同創設者、パブロ・ファリアスCEO、グレッグ・マン副社長、ブルック・ベアズリー副社長はじめ多くのスタッフにさまざまな便宜とご厚意をいただき、多くのアドバイスと実践的なノウハウをご教示いただいた。

また、コロンビア大学のヒュー・パトリック教授、ジョセフ・スティグリッツ教授、ジェフリー・サックス教授、ジェフリー・アッシュ教授には本研究のためにすばらしい環境を与えていただき、多くのインスピレーションとご示唆をいただいた。ここに心より厚く感謝申し上げたい。

ただし、あり得べき本書の誤りや不十分な点はすべて筆者の責めに帰すものである。また、本書の意見にわたる部分は著者が属する組織のものではなく、著者個人のものであることをお断りしておきたい。

最後に、明石書店の神野斉編集長と矢端保範氏には一方ならぬお世話をいただき本書の出版を可能にしていただいた。ここに記して深く感謝申し上げたい。

なお、初版第1刷発行以降、グラミン日本については大きな進展があった。本年（2018年）夏を目途にグラミン日本を設立・事業開始することになったのである。今回の第2刷発行に際して、本書「おわりに」で少しだけご報告させていただきたい。

著　者

第一章　アメリカの貧困と金融アクセス

Ⅰ──アメリカの貧困の現状

最近、アメリカの貧困や格差がクローズアップされている。医療、教育などの国民生活に密接な分野で貧困の連鎖や格差が広がり、社会の矛盾が顕著になってきたからである。

「アメリカでは、近年、格差がますます拡大し上位一％の富裕層が国民所得の約二五％を、資産の四〇％を独占している。過去一〇年間で上位一％の所得が一八％増加したのに対して、中流層や下層の所得は逆に減少した。高卒者の所得はこの二五年間で一二％も大きく減少した。この数十年間のアメリカの経済成長の果実は富裕層にしか行き届いていない[1]」（ジョセフ・スティグリッツ・コロンビア大学教授。二〇〇一年ノーベル経済学賞受賞）。筆者が現在住んでいるニューヨークでも生活困窮者の状況が頻繁に報道され、毎日のように街や地下鉄などでホームレスや生活困窮者を見かけるなど、貧困・格差が広がっている状況が実感として感じられる。

かつてアメリカはアメリカン・ドリームに象徴される機会均等のチャンスにあふれる国、中流層が多くを占める豊かな国というイメージだったが、近年、所得階層間の流動性はほとんどなくなり、チャンスにあふれる国というのは幻想化して、中流層が縮小し空洞化している[2]。一%の富裕層に対して"We are the 99%"のスローガンを掲げてウォール街でデモが起こるなど、人々の意識や実生活にも変化が顕著になってきているように見える。

本章では、客観的な統計に基づきながらアメリカの貧困の現状を見てみよう。

アメリカ国勢調査局は、毎年、家族の人数に応じて貧困ラインを定義している。二〇一二年は、世帯年収が一人家族で一一、七二〇ドル（一一七万円）、二人家族で一四、九三七ドル（一四九万円）、三人家族で一八、二八四ドル（一八三万円）、四人家族で二三、四九二ドル（二三五万円）以下の世帯が貧困と定義されている（図表1‐1参照）。

同局の統計によれば、二〇一二年のアメリカの貧困者数は四、六五〇万人、貧困率は一五・〇％である（図表1‐2参照）。アメリカでは約七人に一人が貧困層である。これは政府が一九五八年に貧困の統計を取り始めてから最高水準に達している[3]。

また、OECDによれば、相対的貧困率は二〇一〇年には一七・四％と、主要先進国中最も高い。

この貧困の状況を人種別に見てみると、二〇一二年には図表1‐3のとおり、全人口の六二・八％を占める非ヒスパニック系白人の貧困率が九・七％、貧困人口は一、八九四万人である。黒人は貧困率二七・二％、貧困人口一、〇九一万人、アジア系は貧困率一一・七％、貧困人口一九二万人、ヒスパニック系は貧困率二五・六％、貧困人口一、三六二万人である。貧困人口は非ヒスパニック系白人、

図表 1-1　2012 年　貧困ライン（家族数と 18 歳未満の子どもの数）

（ドル）

家族数	加重平均閾値	18 歳未満の子ども数								
		なし	1 人	2 人	3 人	4 人	5 人	6 人	7 人	8 人以上
1 人家族	11,720									
65 歳未満	11,945	11,945								
65 歳以上	11,011	11,011								
2 人家族	14,937									
世帯主 65 歳未満	15,450	15,374	15,825							
世帯主 65 歳以上	13,892	13,878	15,765							
3 人家族	18,284	17,959	18,480	18,498						
4 人家族	23,492	23,681	24,069	23,283	23,364					
5 人家族	27,827	28,558	28,974	28,087	27,400	26,981				
6 人家族	31,471	32,847	32,978	32,298	31,647	30,678	30,104			
7 人家族	35,743	37,795	38,031	37,217	36,651	35,594	34,362	33,009		
8 人家族	39,688	42,271	42,644	41,876	41,204	40,249	39,038	37,777	37,457	
9 人以上家族	47,297	50,849	51,095	50,416	49,845	48,908	47,620	46,454	46,165	44,387

（出所）アメリカ国勢調査局（Poverty Thresholds）

ヒスパニック系、黒人、アジア系の順に多い。他方、貧困率は黒人、ヒスパニック系、アジア系、非ヒスパニック系白人の順に高くなっている。

　また、男女別年齢別に見てみると、図表1‐4のとおり、どの年齢層でも男性より女性の貧困率が高く、また一八歳未満の子どもの貧困率（二一・八％）が他のいずれの年齢層よりも高くなっている。男女の貧困率を見ると、男性の貧困率一三・六％に対して女性の貧困率は一六・三％と、女性の貧困率が高い。女性の貧困者数は二、五八四万人で、全体（四、六五〇万人）の半数以上の

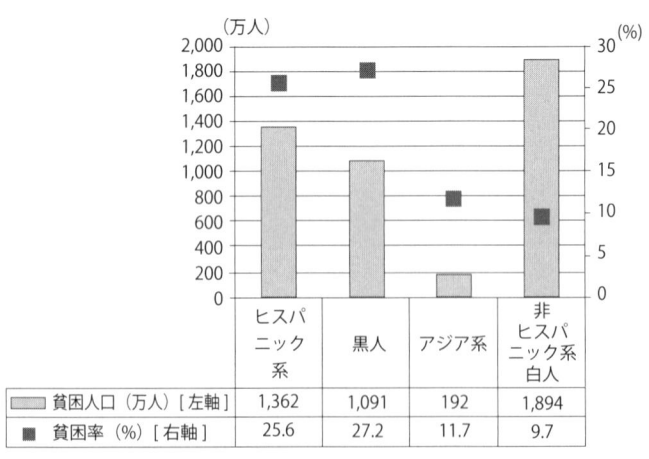

図表 1-2　アメリカの貧困者数と貧困率（1959 年～ 2012 年）

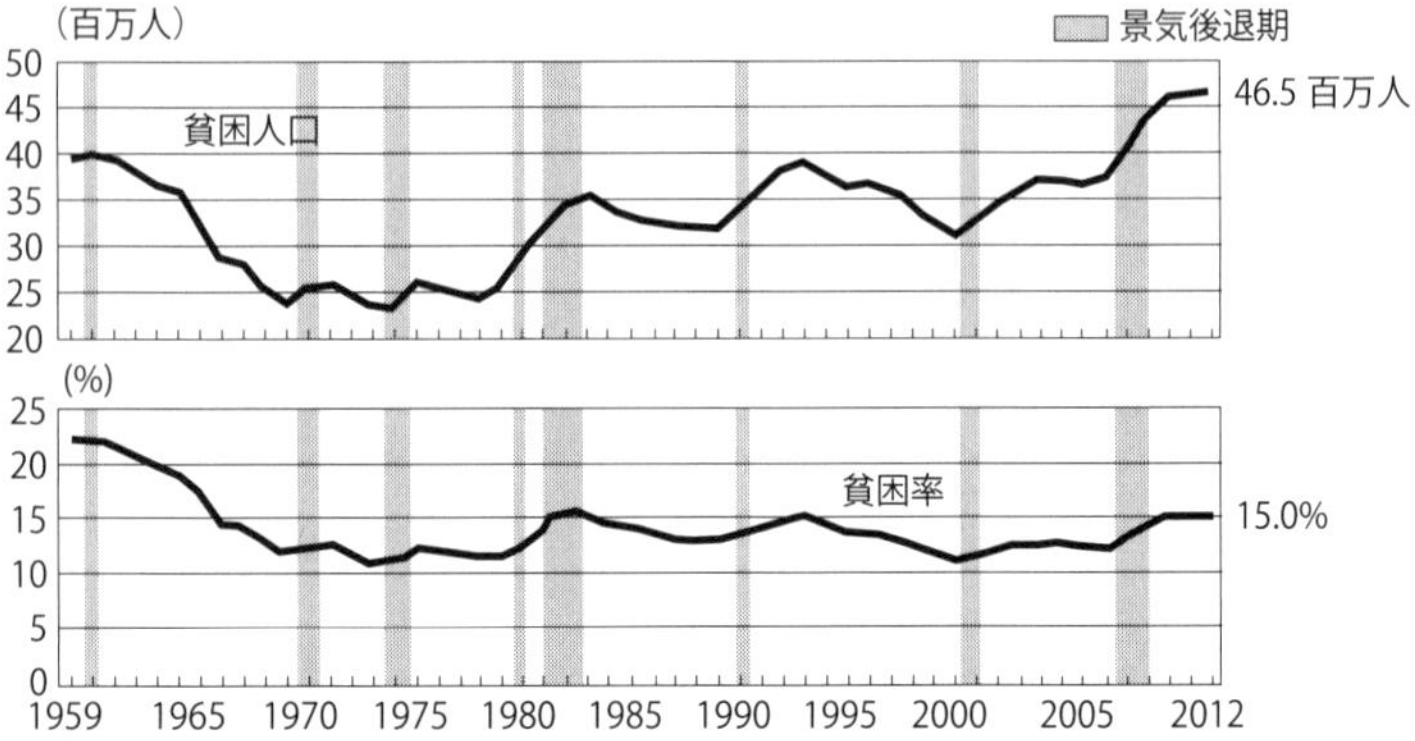

（出所）アメリカ国勢調査局（Current Population Survey, 1960-2013 Annual Social and Economic Supplements.）

図表 1-3　人種別貧困の状況

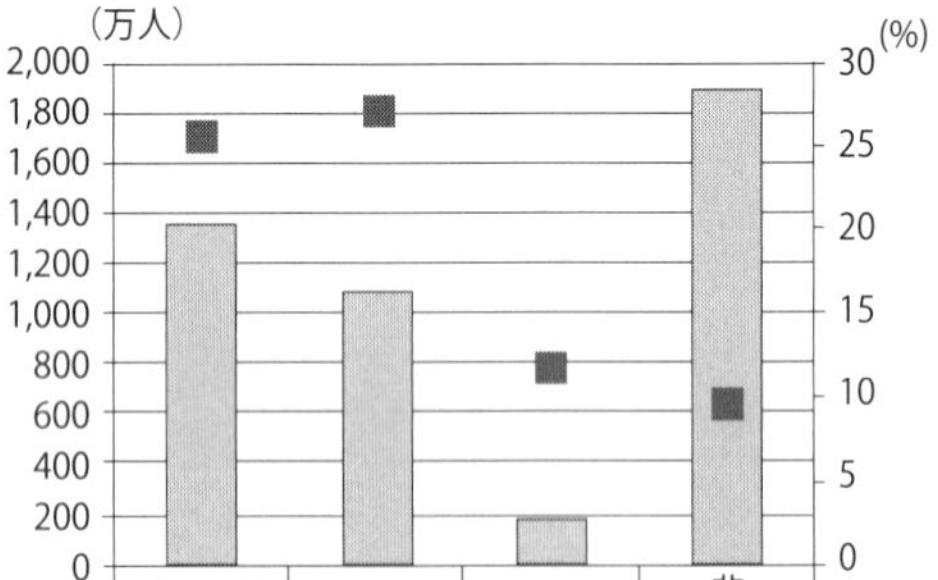

	ヒスパニック系	黒人	アジア系	非ヒスパニック系白人
貧困人口（万人）[左軸]	1,362	1,091	192	1,894
■ 貧困率（%）[右軸]	25.6	27.2	11.7	9.7

（出所）アメリカ国勢調査局

（Current Population Survey, 1960-2013 Annual Social and Economic Supplements.）より作成

図表 1-4　男女別年齢別貧困率

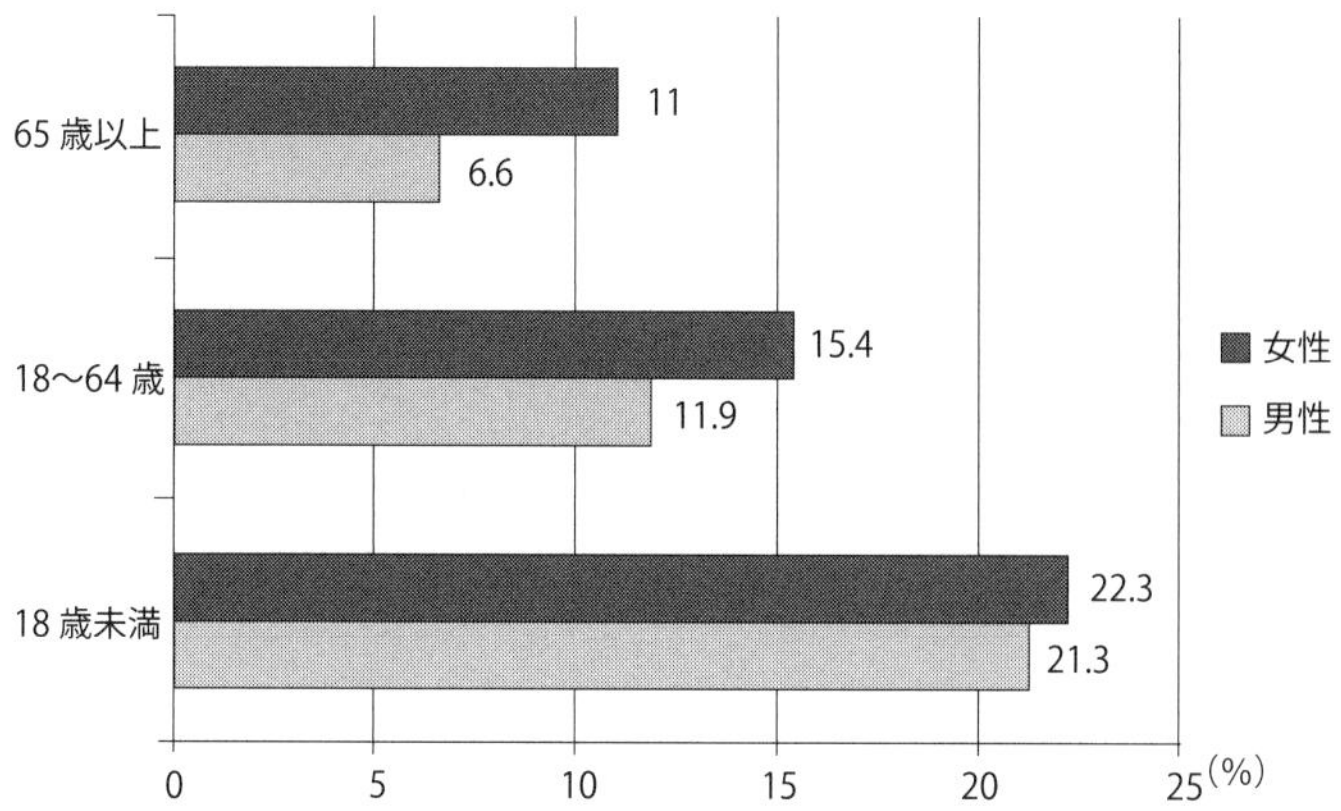

（出所）アメリカ国勢調査局（Current Population Survey, 1960-2013 Annual Social and Economic Supplements.）

五六％を占める。これは、オバマ大統領が二〇一四年の一般教書演説で言及したように、男女に所得格差があり女性は男性の七七％の平均所得しか得ていない（二〇一二年アメリカ国勢調査局）こととも密接に関係している。

アメリカの貧困ラインは、一九六五年以来、家族の課税前所得が最低食費の三倍以下かどうかで定義されている。しかし、その後の社会経済状況の変化に伴い、一家の所得に占める食費の割合は著しく低下し、食費に代わって住居費が家計支出の最大項目になった。また、教育費、医療費、現金保有額などが家計に大きく影響するようになったが、これらは公式な貧困統計では考慮されていない。

そのため一九九〇年代に貧困の公式統計について疑問が呈されるようになり、全米科学アカデミー（NAS）は貧困と家族支援に関するパネルを設置し、一九九五年には「貧困測定：新アプローチ」で貧困測定手法の改定を勧告した。そのフォローアップにおいて二〇一〇年には省庁横断テクニカル作業部会（ＩＴＷＧ）が設置され、補足的貧困測定（ＳＰＭ）が開発された。ＳＰＭが公式な貧困統計に取って代わった訳ではないが、ＳＰＭが貧困の公式統計と並行して発表されるようになった。

政府の貧困支援プログラムの多くは貧困統計に基づいて決定・実施されるので、連邦予算の観点からも貧困測定は重要である。ＳＰＭによれば、二〇一〇年にはアメリカ国民の一六・〇％の四、九五六万人が貧困ライン以下の貧困層とされ、アメリカ国勢調査局の貧困統計よりも高い数値になっている。

アメリカに限ったことではないが、貧困ライン以下で生活する貧困層は基本的な財やサービスに限定的にしかアクセスできないことが多い。特に、通常の金融へのアクセスは貧困層にとって難しいことが多い。しかし、本来は所得が低かったり、所得が不定期で予測しにくい貧困層にとってこそ、金融へのアクセスが必要とされ重要な意味を持つ。というのは、所得が十分な時には貯蓄し、所得が十分でない時には借金するなど支出の平準化のためには貯金や融資などの金融サービスが重要になるからであり、また、失業や病気・ケガに対応する力が不十分な貧困層にとってこそ保険や送金などの金融サービスが必要とされるからである。

しかし、米預金保険公社（ＦＤＩＣ）によれば、アメリカでは二八・三％の世帯が銀行口座を持たず銀行の金融サービスをまったく受けられない「アンバンクト（unbanked）」（八・二％）か、不十分にしか受けられない「アンダーバンクト（underbanked）」（二〇・一％）である（二〇一一年）。[4] この数字は人種民族等によって大きく異なり、黒人世帯の半分以上の五五・三％、ヒスパニック世帯の

図表 1-5　アメリカ世帯の金融アクセスの状況

2011 年	アンバンクト（Unbanked）（%）	アンダーバンクト（Underbanked）（%）	バンクト（Fully Banked）（%）
全家計	8.2	20.1	68.8
黒人	21.4	33.9	41.6
外国生まれの無市民権世帯	22.2	28.9	45.8
失業世帯	22.5	28.0	47.5
低所得家計（年収 15,000 ドル未満）	28.2	21.6	47.6
未婚女性世帯	19.1	29.5	48.4
ヒスパニック	20.1	28.6	48.7
世帯主が 24 歳未満の世帯	17.4	31.0	49.7

（出所）FDIC

四八・七％、母子家庭を含む未婚女性世帯の四八・六％に上る（図表1‐5参照）。アメリカの銀行は日本と異なり、口座残高を一定金額以上保持しないと口座維持管理手数料を課せられることが多いため、貧困層にとって銀行口座を開設して維持することは便益に比べて負担が大きいことがままある。

また、アメリカの二、五五〇万の企業の八八％が被雇用者四人以下の零細企業であり、七〇％の企業は一〇万ドル（一、〇〇〇万円）未満の収益である。[5] アメリカの世帯の二九・三％が普通預金口座を持っておらず、約一〇％は小切手を振り出せる当座預金口座も持っていない。銀行が融資金利や手数料を引き上げれば、これら通常の金融サービスへのアクセスがないか不十分な人たちの数はさらに増大すると見込まれる。通常の銀行などの金融サービスにアクセスできないと、ペイデイ（給料担保金融業者）と呼ばれる高利貸し、手数料の高い送金業者、カードローンなどの高金利・高手数料の金融サービスに頼らざるを得なくなる人が多くなるが、金融サービス革新センター（CFSI）の推計によれば、二〇一〇年に通常の金融へのアクセスが不十分な人が支払った金利・手数料は年間四五〇億ドル（四兆五、〇〇〇億円）に上る。[6] このように通常の金融へのアクセスが不十分な貧困層・低所得者層は、もしアクセスできていれば支払う必要のなかった金利や手数料を支払うことを余儀なくされており、そうでなくとも少ない所得がさらに侵食されている実態がうかがえる。

II―アメリカの貧困層の金融アクセス

それでは、アメリカの貧困層にとって金融アクセスはどのような状況になっているのか次に見てみよう。

1. 社会保障制度

アメリカでは貧困層支援のためにセーフティネットとして連邦・州政府による社会保障プログラムが存在する。失業手当給付金制度、貧困家庭向け一時援助金プログラム（Temporary Assistance For Needy Families: TANF）（子どものいる貧困世帯に支給される現金援助。受給期間は五年）、メディケイド（Medicaid）（連邦と州が負担し、州が運営する低所得者向け医療費補助制度。一九六五年に創設。所得と資産の少ない人だけでなく、年齢、妊娠や障害の有無などによって受給資格が与えられ、たとえば子どもは親の所得にかかわらずメディケイドの対象）、住宅支援（Housing Assistance）、退役軍人手当（Veterans'

Benefits)、婦人児童向け栄養強化計画（Women, Infants, and Children: WIC）、補助的栄養支援プログラム（旧フードスタンプ。Supplemental Nutrition Assistance Program: SNAP）など、金銭や現物で給付される多様な社会保障制度プログラムがセーフティネットとして用意されている。

二〇一〇年には、五、〇〇〇万人超がメディケイドの対象であり、一、〇〇〇万人が失業手当を受給している。フードスタンプを受給している人は四、〇〇〇万人に上る。(7) Center on Budget and Policy Priorities の調査によれば、これら政府による社会保障プログラムがなかったとすれば、二〇一〇年の貧困率は一五・一％から二八・六％になっていたであろうと推計されている。(8)

ニューヨークのホームレス

2. 慈善団体

アメリカには約一四〇万の慈善団体があり、アメリカは世界で最も非営利セクターが発達している国である。(9) 慈善事業への寄付は二〇一〇年には二、九〇九億ドル（二九兆円）、ＧＤＰの二％に上る。二〇〇七年には一九六七年に統計を取り始めてから最高の三、〇六四億ドル（三一兆円）に達したが、二〇〇八年の金融危機で若干低下した。慈善事業に寄付する主体の内訳は、図表１‐６のとおり、個人七三％、財団一四％、遺贈八％、企業五％であり、個人による寄付が圧倒的に多い（二〇一〇年）。

図表 1-6　慈善事業への寄付主体別内訳（2010 年）

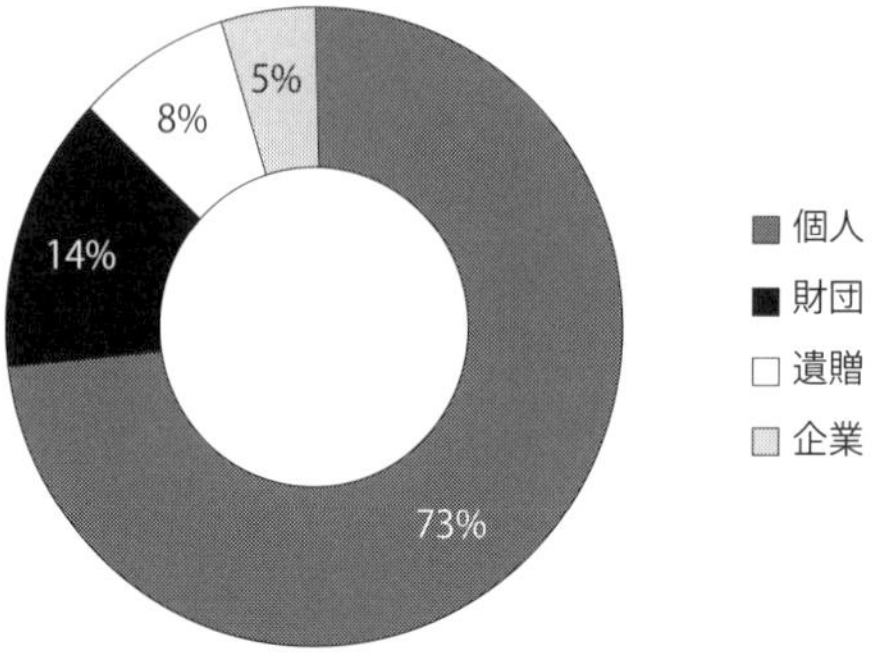

（出所）Giving USA 2011: The Annual Report on Philanthropy for the Year 2011 より作成

図表 1-7　寄付を受ける慈善事業タイプ別内訳（2010 年）

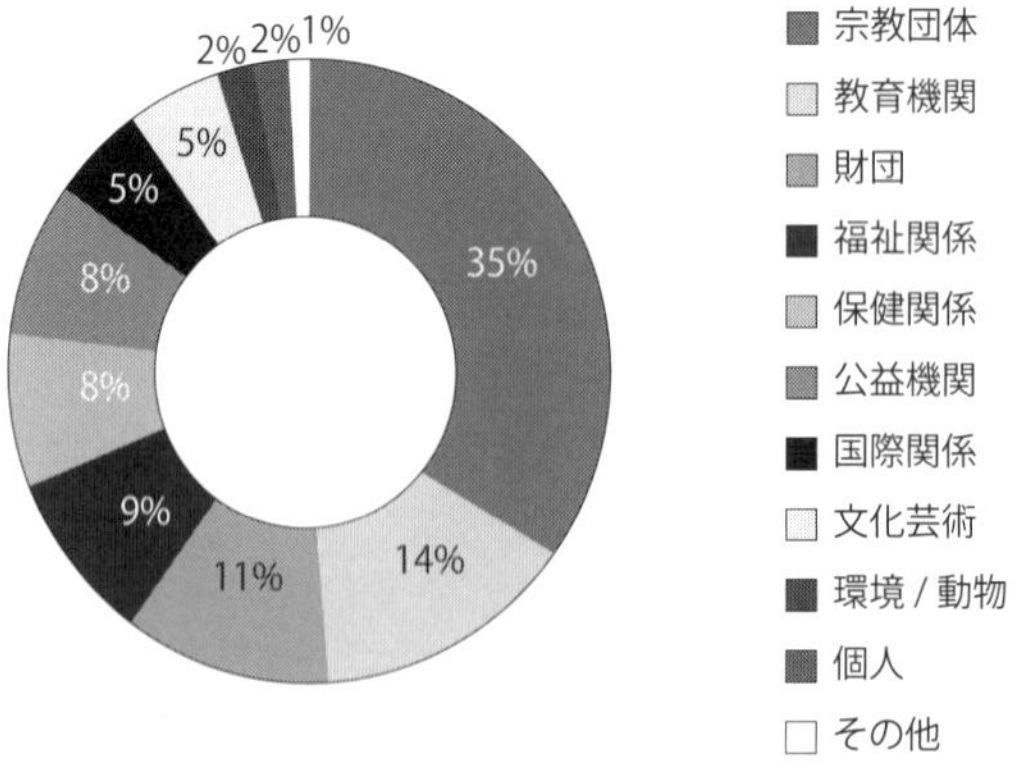

（出所）Giving USA 2011: The Annual Report on Philanthropy for the Year 2011 より作成

他方、寄付を受ける慈善事業タイプ別内訳は、図表1-7に見るように、宗教団体三五%、教育機関一四%、財団一一%、福祉関係九%、保健関係八%、公益機関八%、国際関係五%、芸術文化関係五%などである[10](二〇一〇年)。寄付を受ける慈善事業は広範囲にわたっているが、その半分弱はアメリカ国内の貧困削減のために使われ、慈善事業に貧困対策の占める割合が高いことが分かる。福祉関係に寄付される二四〇億ドル(二兆四、〇〇〇億円)は主に個人の基本ニーズを満たすための法的支援、就労支援、食料、住宅、若者向け支援などに使われており、貧困層向け慈善事業への資金が増加傾向にある。

3. 営利ノンバンク

アメリカでは、銀行等の金融サービスにアクセスできなくても代替的な金融手段としてペイデイと呼ばれる給料担保金融業者(Payday Loan:次の給料日までの短期小口の高金利融資)、小切手現金化業者(Check Casher:高率の手数料で小切手を担保に融資〔ないし小切手を換金〕)、送金業者(Money Transfer:高率の手数料で送金)、税還付金を担保に短期融資をする業者(Tax Refund Loan)など営利ノンバンクを利用する道がある。消費、生活費、借金返済などのために資金を借りられるが、資金使途の制限がない代わりに三~四桁のパーセントにもなる途方もない高金利や高手数料を取られ、多重債務や返済不能で自己破産に陥ってしまうことも珍しくはない。営利ノンバンクには質屋(pawn broker)、購入選択権付きレンタル店(rent-to-own store)、高金利の中古車ローン業者(buy-here/pay-here dealer)などを含めた広範な業者が参入している。これらは家族経営の零細業者から巨大スー

ウォルマートの金融サービス広告の看板
（出所）CGAP Microfinance Gateway

ペイデイの店舗
（出所）BankICAN

パーマーケット・チェーンまで参入業者の規模もまちまちである。
営利ノンバンクの大規模業者としては、

・ウォルマート・マネーセンターZ：ウォルマートは全米・世界最大のスーパーマーケット・チェーンで、売上高でも石油メジャーを凌ぐ世界最大企業であるが、金融業にも進出している。毎年三〇〇〜四〇〇億ドル（三〜四兆円）の小切手を現金化する。二〇〇七年には、前払いデビットカードのマネーカードのサービスを始めている。
・ウエスタン・ユニオン：世界的な送金業者。二〇一〇年の売上げは五二億ドル（五、二〇〇億円）。その七三％は海外送金からの収入。
・ACEキャッシュ・エキスプレス：小切手現金化業者及びペイデイの大手。全米の三八州及びワシントンDCで一、六〇〇超の拠点。

などがある。

ペイデイは全米に二〇、六〇〇カ所の拠点で三八五億ドル（三兆八、五〇〇億円）を一、九〇〇〇万世帯に貸付けている[11]（二〇一二年）。また、ファニーメイ財団の二〇〇二年の調査によれば、ペイデイ、小切手現金化業者、購入選択権付きレンタル店など営利ノンバンクの年間手数料収入は各々二四億ドル（二、四〇〇億円）、一五億ドル（一、五〇〇億円）、五三億ドル（五、三〇〇億円）に上る。このうち、ペイデイは短期で五〇〇ドル（五万円）以下の小口融資を平均四〇〇％超の金利で、時には年率数千％にも達する天文学的な高金利で貸付けている。店舗はハンバーガーショップなど身近な場所に併設されていることが多い。融資額は二〇〇～二、五〇〇ドル（二～二五万円）の範囲だが、最も多い融資額は五〇〇ドル（五万円）である。[12]

4．地域開発金融機関（CDFI）

アメリカには、地域開発などの政策目的を持って貧困層に融資する金融機関として地域開発金融機関（Community Development Financial Institution: CDFI）がある。最初の地域開発金融機関は一九六〇年代に設立された。

アメリカでは一九七七年に既存金融機関に対して地域に居住する低中所得者層向けに融資を促す地域再投資法（Community Reinvestment Act: CRA）が制定された。しかし、一九八〇年代に金融自由化の中でコミュニティバンクの空白が拡大し貧困層が金融排除されていたことから、一九九五年にクリントン大統領（当時）が同法を改正・強化した。[13]既存金融機関のコミュニティ向け融資を強化するとともに、コミュニティ向けに地域資金を循環させるローンファンドなどを地域開発金融機関と位置づけた。地域開発金融機関には営利組織も非営利組織もなることができ、雇用創出などの地域経済開発、低所得者向け住宅開発、貧困層への融資などを行う。

地域開発金融機関は次の六つのタイプに分類される。(14)

（一）地域開発銀行（Community Development Bank）
（二）地域開発信用組合（Community Development Credit Union）
（三）地域開発貸付基金（Community Development Loan Fund）
（四）地域開発ベンチャー・キャピタル・ファンド（Community Development Venture Capital Fund）
（五）零細企業開発貸付基金（Microenterprise Development Loan Fund）
（六）地域開発公社（Community Development Corporations）

二〇一三年一二月現在、全米には八〇八の認定地域開発金融機関がある。(15)

このうち、地域開発信用組合（ＣＤＣＵ）は特定の地域で他の金融機関が行えないような金融サービスを提供している。多くの信用組合員はクレジット・ヒストリー（信用履歴）（第二章Ｖ参照）が不十分であるが、地域開発信用組合は信用情報機関の信用スコアに依存しないで、借り手の職歴や地域での評判を参考にして融資を実行しており、その貸倒率は平均〇・八％である。

また、地域開発金融機関を政策的に発展させるために財務省に「地域開発金融機関（ＣＤＦＩ）ファンド」を設置し、地域開発金融機関に財政支援補助金や技術支援補助金を支給している。さらに、「新市場税額控除プログラム」によって地域開発金融機関に投融資する金融機関や投資家には減税措置を講じている。

他方、金融監督当局は銀行など金融機関が地域の金融ニーズに対応しているかどうか一年半ごとに検査を行い、銀行など金融機関を評価・格付けする。一定以上の格付けを得ないと、銀行など金融機関は合併・買収・店舗増設移転などを制限されることもある。

アメリカは、このようにしてアメ（補助金・税制優遇）とムチ（金融機関の検査・格付け）によって地域開発金融機関を政策的に後押しして貧困層に資金が流れる仕組みを作った。金融市場でいくら活発に金融取引が行われても、市場では貧困層に手の届く（affordable）コスト（金利・手数料）で必要なお金が回らないことが分かったからである。

CDFI ファンド（ワシントン D.C.）
（出所）CDFI Fund

5．マイクロファイナンス機関

マイクロファイナンスとは、「通常の金融から排除された貧困層・低所得者層に対する小規模の融資・貯蓄・保険・送金などの金融サービス」[16]のことである。このうち、融資はマイクロクレジットと呼ばれ、多くの場合、その資金使途は所得を生み出す事業資金とされている。ローンの元利を返済するには、少なくとも金利以上の財源を確保しなければならず、そのためには家計のやり繰りで返済財源を生み出せるケース以外は事業を新しく始めたり維持・拡大して、あるいは被雇用者として就労するなど何らかの所得創出のための活動がなされなければサステナブル（持続可能）にはなり得ないからである。

ＦＩＥＬＤ（Microenterprise Fund for Innovation, Effectiveness, Learning and Dissemination）によれば、二〇〇八年には、全米で九、一〇〇の借り手に一億ドル（一〇〇億円）のマイクロファイナンスが供与されている。アメリカのマイクロファイナンス機関は、銀行など伝統的な金融機関が金融サービスを提供しない、次のようなニーズに応えるために生まれてきた。

（一）借り手の信用履歴が不十分なこと
（二）ローン金額が銀行等通常の金融機関にとって小口過ぎること
（三）借り手が米国内で十分な信用を得ていないこと
（四）借り手の事業が起業してから十分な期間を経ていないこと（通常、銀行は融資条件として少なくとも二年間事業をしていることを求める）

一九八〇年代にマイクロファイナンスの萌芽としてシカゴのショアバンク（ShoreBank）やモンタナ州のＷＥＤ（Women's Economic Development）が貧困層に金融サービスを提供し始めた。アメリカのマイクロファイナンスにとって一つのターニング・ポイントは、一九六一年からラテンアメリカでマイクロファイナンスを行っていたアクシオン・インターナショナル（Accion International）が

グラミン・アメリカの第1号支店（ジャクソン・ハイツ支店）

地下鉄Fライン Jackson Heights駅徒歩5分。雑居ビルの2階。1階はローンドリー。周囲はエスニックな商店街。7216 Roosevelt Avenue, Jackson Heights, NY 11372（2013年7月28日撮影）

一九九〇年代初めにアクシオンUSネットワーク（Accion U.S. Network）を設立してニューヨークでアメリカ国内の貧困層・低所得者層向けにマイクロファイナンスを始めたことである。

もう一つのターニング・ポイントが二〇〇八年にグラミン・アメリカ（Grameen America）がニューヨークに最初のジャクソン・ハイツ支店を開設してバングラデッシュのグラミン銀行の仕組みのマイクロファイナンスをアメリカに導入したことである。

翌二〇〇九年には、それまで途上国のマイクロファイナンス機関を対象にしていたキーヴァ（Kiva）がアメリカ国内のマイクロファイナンス機関と提携してアメリカ国内の貧困層にマイクロファイナンスを開始した。グラミン・アメリカとは二〇一一年五月に提携している。

グラミン・アメリカについては次章以降で詳しく見ることにして、ここではそれ以外のいくつかのアメリカのマイクロファイナンス機関を概観しておこう。

・アクシオンUSネットワーク（Accion U. S. Network）

一九六一年にベネズエラで設立されたアクシオン・インターナショナル（非営利組織）は、当初、米国外の貧困層・低所得者層を対象としたマイクロファイナンスを行っていたが、一九九一年にニューヨークのブルックリンでアメリカ国内の貧困層・低所得者層向けにマイクロファイナンスを開始した。[17] 二〇一二年一二月現在、アクシオンUSネットワークは、一四のオフィスとインターネットのプラットフォームを通じて四六、〇〇〇超の小規模事業者に三億六、〇〇〇万ドル（三六〇億円）の融資を実行している。融資額は二〇〇ドル～三〇万ドル（二～三、〇〇〇万円）で二〇一二年の平均融資額は一三、〇〇〇ドル（一三〇万円）、返済率は九六・一％である。[18] 個人レンディング（individual lending）を採用し、ローンの資金使途を事業資金など所得創出に限定している。借り手の三八％が女性で、二〇一二年には二、三〇〇超の雇用を創出している。

・プログレッソ・フィナンシエーロ（Progreso Financiero）

二〇〇五年、カリフォルニア州に設立された非営利組織で、同州のほかテキサス州、イリノイ州で、二〇一三年四月までにヒスパニック系の借り手に一五万件、一億四、〇〇〇万ドル（一四〇億円）のマイクロファイナンスを融資している。[19] 事業資金だけでなく、緊急出費など消費のための資金も融資している。信用履歴が不足する借り手には独自の「モラル担保」と返済能力に基づいたスコアリング・システムによって与信を実行する。必要な書類は、住所証明書、所得証明書、写真付き身分証明書の三点である。融資額は五〇〇～四、〇〇〇ドル（五～四〇万円）であるが、最初は五〇〇～一、八〇〇ドル（五〜一八万円）からスタートする。典型的な新規融資額は約一、〇〇〇ドル（一〇万円）で、返済は毎週ないし隔週としている。

・オポチュニティ・ファンド（Opportunity Fund）

一九九五年、カリフォルニア州に設立された非営利組織で、サンフランシスコ（ベイエリア）やロサンゼルスで営業している[20]。個人レンディングを採用し、マイクロファイナンス以外に技術支援、小企業融資、住宅ローンなどを提供する。二〇一二年までに一五、〇〇〇人超の低所得者層に二・七九億ドル（二七九億円）超の融資を実行した。平均融資額は九、二二三ドル（九二万円）、融資残高は一九九万ドル（二億円）、平均金利は八％である[21]。

・プロジェクト・エンタプライズ（Project Enterprise）

一九九七年、ニューヨークに設立された非営利組織で、アッパー・マンハッタン、ブルックリン区、クィーンズ区、ブロンクス区でグラミン銀行のモデルをもとに小規模融資、ビジネス・トレーニングなどを提供している[22]。「ピア・レンディング」と呼ばれるプログラムでは、グループ・レンディングにより信用履歴や事業経験がなくても無担保で市場金利により融資される。借り手が融資を受けるには五〜六人のグループを作り、簿記やプライシングなどの研修を受けなければならない。研修が終了しローンが実行されると、借り手は隔週毎のセンター・ミーティングに参加しなければならない。融資額は一、五〇〇ドル（一五万円）からスタートし、ローンを完済すればグループとスタッフの承認を得て一二、〇〇〇ドル（一二〇万円）まで増額することが可能である。その他、二〇〇三年から始まった「ファスト・トラック」と呼ばれるプログラムでは、一年以上事業を継続し過去六カ月間に五、〇〇〇ドル（五〇万円）以上の売上げがあれば、より迅速なプロセスで三、〇〇〇〜一二、〇〇〇ドル（三〇〜一二〇万円）の融資を受けられる。二〇〇四年からは「ダイレクト・ローン」と呼ばれる個人レンディングも始まった。平均融資額は二、五〇〇ドル（二五万円）、融資残高は二〇〇万ドル（二億円）である。[23]

・ザ・キャピタル・グッド・ファンド（The Capital Good Fund）

二〇〇九年、ロードアイランド州プロビデンス市で当時ブラウン大学の学生だったアンディ・ポズナーとモリー・ウエストによって設立された非営利組織。[24] ロードアイランド州の貧困層が貧困から脱却できるようマイクロファイナンスや金融コーチングなどを行う。マイクロファイナンスは、融資額五〇〇〜二、〇〇〇ドル（五〜二〇万円）、融資期間二年、融資金利二〇％（固定）である。二〇一一年一月までに、七〇件の案件に一〇〇、〇〇〇ドル（一、〇〇〇万円）超の融資を実行した。

・ライズ・フィナンシャル・パスウェイズ（RISE Financial Pathways）

一九九二年、カリフォルニア州ロサンゼルスに設立された非営利組織。[25] これまでに約一〇万人にマイクロファイナンスのほか、職業トレーニング、資産形成プログラムなどを提供した。

・マーシーコー（MercyCorps）

一九七九年、難民救済ファンドとして設立された非営利組織で、一九八九年からマイクロファイナンスを開始した[26]。アメリカ国内の貧困層には、一九九八年に設立されたマーシーコー・ノースウェストが北西部のオレゴン州、ワシントン州で二〇〇一年からマイクロファイナンスを実施している。融資額は五〇〇～五〇、〇〇〇ドル（五～五〇〇万円）、返済期間は一カ月～五年で事業資金として融資する。有担保であるが、信用履歴は問わない。平均融資額は約一〇、〇〇〇ドル（一〇〇万円）、返済期間は三年、融資金利は八～一二％（固定）である。

なお、先進国ではマイクロファイナンスを行えない、所得創出のためのマイクロファイナンスはほとんど例がないなどと言われることがあるが、これは事実に反する。実際には、先進国のマイクロファイナンスとしては、アメリカには本書で主に取り上げるグラミン・アメリカ（Grameen America）のみならず、上記のようにアクシオンUSネットワーク（Accion U. S. Network）、オポチュニティ・ファンド（OpportunityFund）、プロジェクト・エンタプライズ（Project Enterprise）などのマイクロファイナンス機関がある。ヨーロッパでも、フランス、オランダ、スペインなどEU諸国を中心にヨーロッパ各国に多くのマイクロファイナンス機関がある[27]。たとえば、フランスのADIE、フランス・アクティブ（France Active）、イニシアチブ・フランス（Initiative France）、オランダのハンズオン・マイクロクレジット（HandsOn Microkrediet）、クレディッツ（Qredits）、ベルギーのミクロスタート（microStart）、イギリスのフェア・ファイナンス（Fair Finance）、アスパイア

（Aspire）、ストリートＵＫ（Street UK）、ドイツのハンブルグ市ミクロローン・ファンド（Microloan Fund of the City of Hamburg）、イタリアのバンカ・エチカ（Banca Etica）、スペインのミクロバンク（MicroBank）、ＩＣＲＥＦ、ポルトガルのＡＮＤＣ、ミレニアムｂｃｐ（Millennium bcp）、スイスのＭＳＳ（Microcredit Solidaire Suisse）、フィンランドのフィンヴェラ（Finnvera）、ポーランドのフンドシ・ミクロ（Fundusz Mikro）などは貧困層や低所得者層に事業を始めたり維持・拡大するための資金をマイクロファイナンスとして融資しているマイクロファイナンス機関である。

6．個人間金融（Ｐ２Ｐ）

個人間金融（Peer-to-Peer: P2P）には営利組織と非営利組織の両方がある。営利組織の個人間金融は二〇〇〇年代初期に急速に成長した。個人間金融のビジネスモデルは借り手と貸し手が銀行などの仲介業者による手数料を払うことなく、直接つながるオープンなマーケット・プレイスを提供することであった。個人間金融はコミュニティや福祉のための社会的プロジェクトへの投資機会を提供することもある。

個人間金融の担い手として代表的なプロスパー（Prosper）は二〇〇六年に設立され、借り手と貸し手がネット上で出会うマーケット・プレイスとして機能している。借り手は一、〇〇〇～二五、〇〇〇ドル（二〇～二五〇万円）のローンを申し込める。借り手はクレジット・スコア、プロフィール、プロジェクト概要、推薦の言葉、グループやコミュニティの所属などの情報をネット上に掲示し、個人の貸し手はその情報を見て掲示されたローンに応じるかどうか、どれくらいの金利ならローンに応じるかを決定する。個人の貸し手は二五ドル（二、五〇〇円）から融資可能である。ローンはオークションにかけられる。プロスパーは借り手から一％の手数料を、貸し手からは〇・五％の手数料を徴収する。二〇一三年四月までに一六〇万超のメンバーを有し、四億ドル（四〇〇億円）のローンを仲介している。(28)

レンディング・クラブ（Lending Club）は、二〇〇七年に事業を開始し、プロスパーと同様のビジネスモデルで、事業開始以来二〇一三年までに一六億ドル（一、六〇〇億円）超のローンを仲介している。(29)

キーヴァ（Kiva）は、アメリカを含めた世界各国の貧困削減を目的とする非営利組織である。一口二五ドル（二、五〇〇円）からネットを通じた個人ローンをマイクロファイナンス機関経由で貧困層に仲介している。二〇〇五年の事業開始来、二〇一三年一一月までに七三カ国のユーザーに五億二、四六三万ドル（五二五億円）のローンを仲介し、貸し手の数は一〇五万人に上る。平均融資額は四一四・四四ドル（四一、〇〇〇円）、返済率は九九％である。(30)

また、二〇〇九年にアメリカ国内の貧困層向けにマイクロファイナンスを開始して以来、キーヴァはアメリカ国内の貧困層一三七の零細事業者に九〇万ドル（九、〇〇〇万円）を融資している。平均融資額は五、六〇〇ドル（五六万円）、平均融資期間は二年三カ月である。(31)

注

（1）Stiglitz (2011).

(2) Stiglitz (2013).
(3) U. S. Census Bureau (2013).
(4) Federal Deposit Insurance Corporation (2012).
(5) Association for Enterprise Opportunity (http://www.microenterpriseworks.org/) (accessed March 18, 2014).
(6) Center for Financial Services Innovation (2011).
(7) Wolf (2010).
(8) Eichler (2011).
(9) Credit Suisse (2009).
(10) The Center on Philanthropy at Indiana University (2011).
(11) Community Financial Services Association of America (http://cfsaa.com/about-the-payday-advance-industry.aspx) (accessed March 18,2014)
(12) Carr (2005)
(13) Cornell University Law School (http://www.law.cornell.edu/uscode/text/12/chapter-30) (accessed March 18, 2014).
(14) CDFI Coalition. "CDFI Types: Comparing Different Types of CDFIs."
(15) CDFI Fund (http://www.cdfifund.gov/news_events/CDFI-2013-58-CDFI_Fund_Releases_Updated_Certified_CDFI_Results.asp) (accessed March 18, 2014).

(16) Rosenberg (2006).
(17) Accion U. S. Network (2013).
(18) Accion Key Impact indicators (http://us.accion.org/about-accion) (accessed March 18, 2014).
(19) Progreso Financiero (http://www.progressfin.com/en/products/ and http://www.progressfin.com/en/faq/) (accessed March 18, 2014).
(20) Opportunity Fund (http://www.opportunityfund.org/) (accessed March 18, 2014).
(21) Lieberman (2012).
(22) Project Enterprise (http://www.projectenterprise.org/) (accessed March 18, 2014).
(23) GuideStar (http://www2.guidestar.org/organizations/13-3907579/project-enterprise.aspx) (accessed March 18, 2014).
(24) The Capital Good Fund (https://www.capitalgoodfund.org/) (accessed March 18, 2014).
(25) RISE Financial Pathways (http://risefinancial.wordpress.com/) (accessed March 18, 2014).
(26) MercyCorps (http://www.mercycorps.org/about-us) (accessed March 18, 2014).
(27) Kraemer-Eis and Conforti (2009).
(28) Prosper (http://www.prosper.com/about/) (accessed March18, 2014).
(29) Lending Club (http://www.lendingclub.com/public/about-us.action) (accessed March18, 2014).
(30) Kiva (http://www.kiva.org/about) (accessed March18, 2014).
(31) New York Times (July 28, 2010).

第二章　グラミン・アメリカのビジネスモデル

Ⅰ――組織の概要

グラミン・アメリカは、二〇〇六年にノーベル平和賞を受賞したムハマド・ユヌス博士によって二〇〇七年一二月、マサチューセッツ州コモンウェルス法に基づき設立されたマイクロファイナンス機関である。アメリカ合衆国内国歳入法第五〇一条C項三号によって連邦及び州の所得税が免除される非営利組織（Non-Profit Organization）である。いずれ預金取扱金融機関であるクレジット・ユニオンになることを計画している。

ムハマド・ユヌス博士
（出所：グラミン・アメリカ）

グラミン・アメリカ本部（ニューヨーク・ブロードウェイ）
地下鉄Bライン42 St.駅徒歩5分。タイムズスクエアのそば。オフィスビル8階。1460 Broadway, New York, NY 10036（2014年3月20日撮影）

1. ミッション（使命）

グラミン・アメリカのミッション（使命）は、アメリカの貧困ライン以下で生活する貧困層が小規模の事業によってよりよい生活ができるように支援することであり、マイクロファイナンスやトレーニングを提供してコミュニティの変革やアメリカの貧困削減を支援することである。

2. 本部

グラミン・アメリカは、ニューヨークに人事・財務・戦略・ファンドレイジング等の管理業務を行う本部を置いている。

3. 支店

二〇〇八年にニューヨーク市クィーンズ区ジャクソン・ハイツに第一号支店を開設して以来、ニューヨークにはアッパー・マンハッタン、ブロンクス、ブルックリン、ロング・アイランド・シティ、サンセット・パークの各支店を開設した。ニューヨーク以外にもネブラスカ州オマハ、インディアナ州インディアナポリス、カリフォルニア州サンフランシスコ（ベイエリア）、

図表 2-1　グラミン・アメリカの支店（2013 年 12 月）

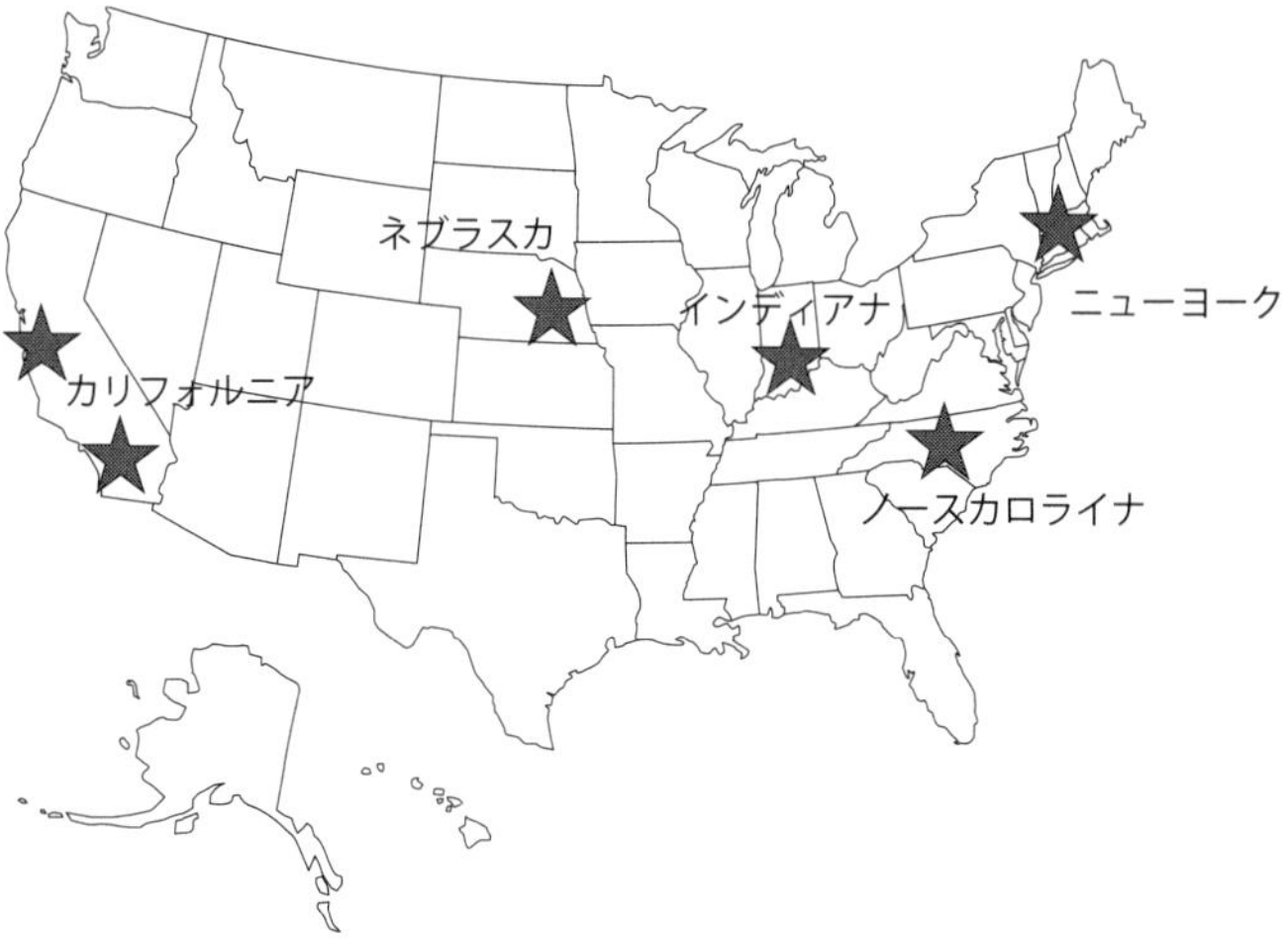

ノースカロライナ州シャルロット、カリフォルニア州ロサンゼルス（ボイルハイツ）に相次いで支店を開設した。二〇一四年にはニュージャージー州ユニオンシティ、マサチューセッツ州ボストン（ケンブリッジ）、テキサス州オースティン、カリフォルニア州サンフランシスコ（サン・ノゼ）、同ロサンゼルス（ウエストレイクス）、ネブラスカ州ノースオマハに六支店を開設し、二〇一七年までには全米二三都市、一〇〇支店に拡大する計画である。

4. 理事会

グラミン・アメリカの理事長はムハマド・ユヌス博士、会長はヴィダー・ヨルジェンセン氏で、理事会メンバーは次のとおりである。

（理事長）ムハマド・ユヌス　グラミン銀行、グラミン・アメリカ創設者

（理事）ヴィダー・ヨルジェンセン　世界へルケア会議、グラミン・アメリカ会長

図表 2-2　支店数の推移

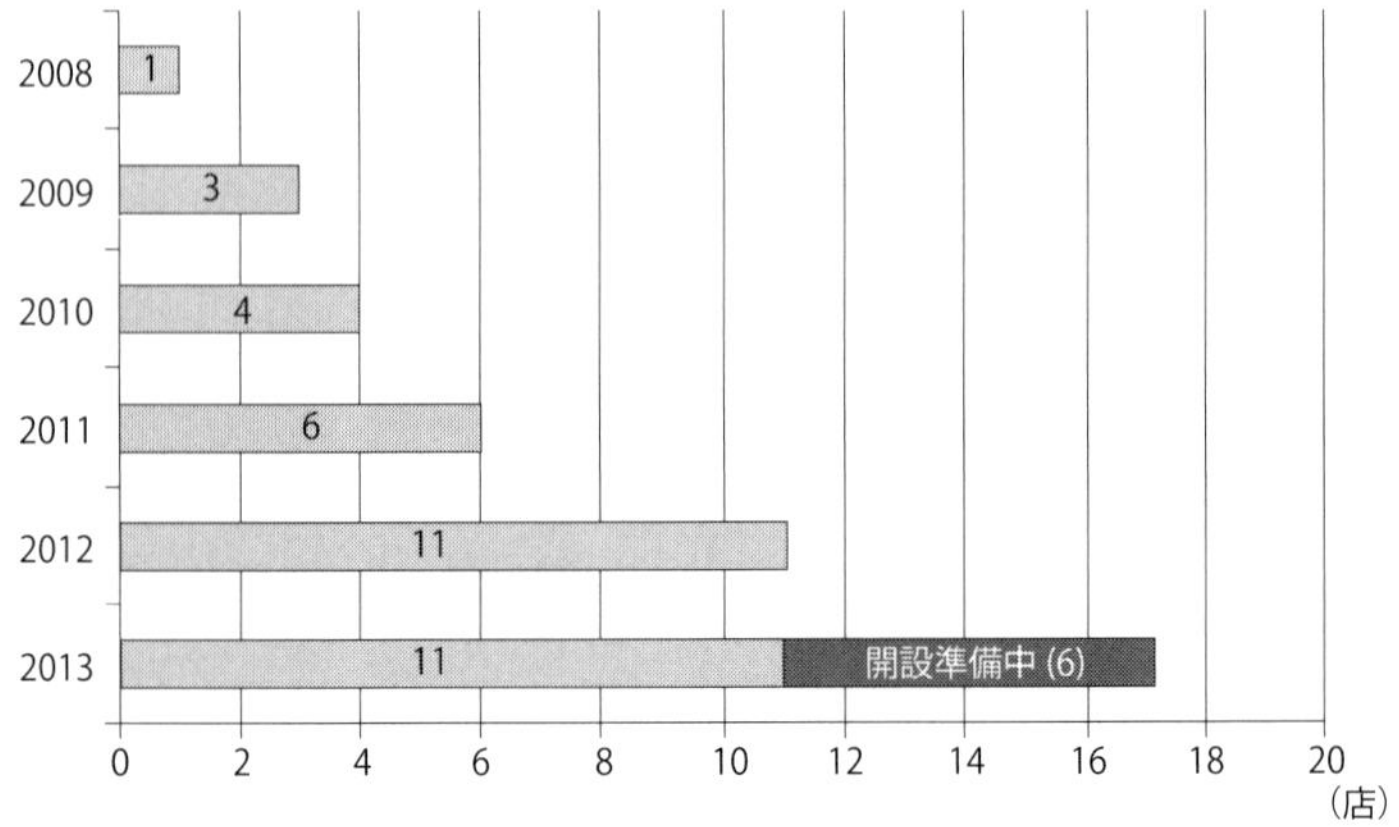

（二〇一四年四月～副理事長）
H・I・ラティフェ　グラミン・トラスト専務理事
シラ・カルデロン　元プエルトリコ知事／シラ・カルデロン財団
レイ・ダリオ　ブリッジ・ウォーター・アソシエイツ創設者兼CEO
マイケル・グラノフ　ポモナ・キャピタル創設者兼CEO
モハムド・マムダニ　モルガンスタンレー副会長
ジョン・メグルー　エイパックス・パートナーズCEO
ホープ・ナイト　アッパー・マンハッタン・エンパワーメント・ゾーンCOO
（スタッフ）ステファン・ヴォーゲル　デベロップメントCEO
（二〇一四年四月～アンドレア・ジュング

に交替。会長兼務）
シャー・ネワズ　オペレーション CEO

5．財務状況

グラミン・アメリカはプライスウォーターハウスクーパース（Pricewaterhouse Coopers LLP）からアメリカ合衆国の会計原則に基づいて財務諸表の監査を受けている。グラミン・アメリカの貸借対照表（二〇一二年一二月末）によれば、総資産二、七一六万ドル（二七・二億円）は総負債七五一万ドル（七・五億円）の三・五倍以上あり、流動資産も流動負債を十分上回っている。持続可能性の観点から健全な財務状況である（図表2 - 3参照）。

他方、グラミン・アメリカの収入は寄付・贈与・事業収入によっている。トップ五の寄付が全収入に占める割合は、二〇一一年は七一％、二〇一二年は六〇％である。第一号支店のジャクソン・ハイツ支店は二〇〇八年に開設以来、五年を経過した二〇一三年に事業収入で事業支出を賄えるという意味で財務的にサステナブルになった。グラミン・アメリカも立ち上がり期は外部資金に依存せざるを得ず、財団、金融機関、企業、個人などか

グラミン・アメリカ・ブルックリン支店　地下鉄 M ライン Myrtle-Wyckoff Avenues 駅徒歩 5 分。雑居ビルの 2 階。1 階は食料品雑貨店。1597 Gates Avenue, Brooklyn, NY 11237（2013 年 7 月 29 日撮影）

図表 2-3　グラミン・アメリカの貸借対照表（2011 年及び 2012 年）

（単位：1,000 ドル）

	2012	2011
資産		
流動資産		
現金及び現金同等物	6,217	8,613
寄付・贈与	8,476	2,033
純貸付金	11,109	6,258
流動資産合計	25,802	16,904
寄付・贈与	1,074	1,190
備品及び設備	10	20
その他の資産	277	209
資産合計	27,163	18,323
負債		
流動負債		
買掛金	19	15
未払費用	306	149
支払手形	168	632
繰延収益	-	100
流動負債合計	493	896
支払手形	7,017	6,043
負債合計	7,510	6,939
純資産		
非拘束純資産	7,034	6,185
一時的拘束純資産	12,619	5,199
純資産合計	19,653	11,384
負債及び純資産合計	27,163	18,323

（出所）プライスウォーターハウスクーパースによるグラミン・アメリカの財務報告書（2011 年及び 2012 年）（Grameen America, Inc. Consolidated Financial Statements, December 31, 2012 and 2011）

図表 2-4　グラミン・アメリカの支出（2012年12月末）

（単位：1,000ドル）

人件費	3,645
専門的サービスへの対価	890
事務所経費	429
家賃・光熱費	120
その他支出	226
旅費	179
ライセンス・保険	46
広告宣伝・イベント	44
計	5,579

ら寄付や贈与による資金を調達している。

グラミン・アメリカは二〇〇九年に地域開発金融機関（CDFI）として認定されたことから、銀行などがグラミン・アメリカに出融資をしたり提携すれば、地域再投資法（CRA）による認定を受けることができる。二〇一三年、シティバンクやキャピタル・ワンなどの金融機関がグラミン・アメリカと提携している。

支店の開設には、五年でサステナブルになることを前提とした事業計画上、一支店当たり約六〇〇万ドル（六億円）が必要とされる。グラミン・アメリカは現在のところ、その半分を寄付・贈与で、残りの半分を融資で資金調達している。

支出は、図表2-4のとおり、人件費が約六五％を占めている。グラミン・アメリカは、必要最低限のオフィスで事務所経費を極力抑えており、またテレビや新聞などの宣伝広告活動は行わないため、事務管理経費はごくわずかである。スタッフがビラを配る以外は口コミと既存グループの借り手のネットワークによってメンバーを増やしている。

図表 2-5　メンバー（借り手）数の推移

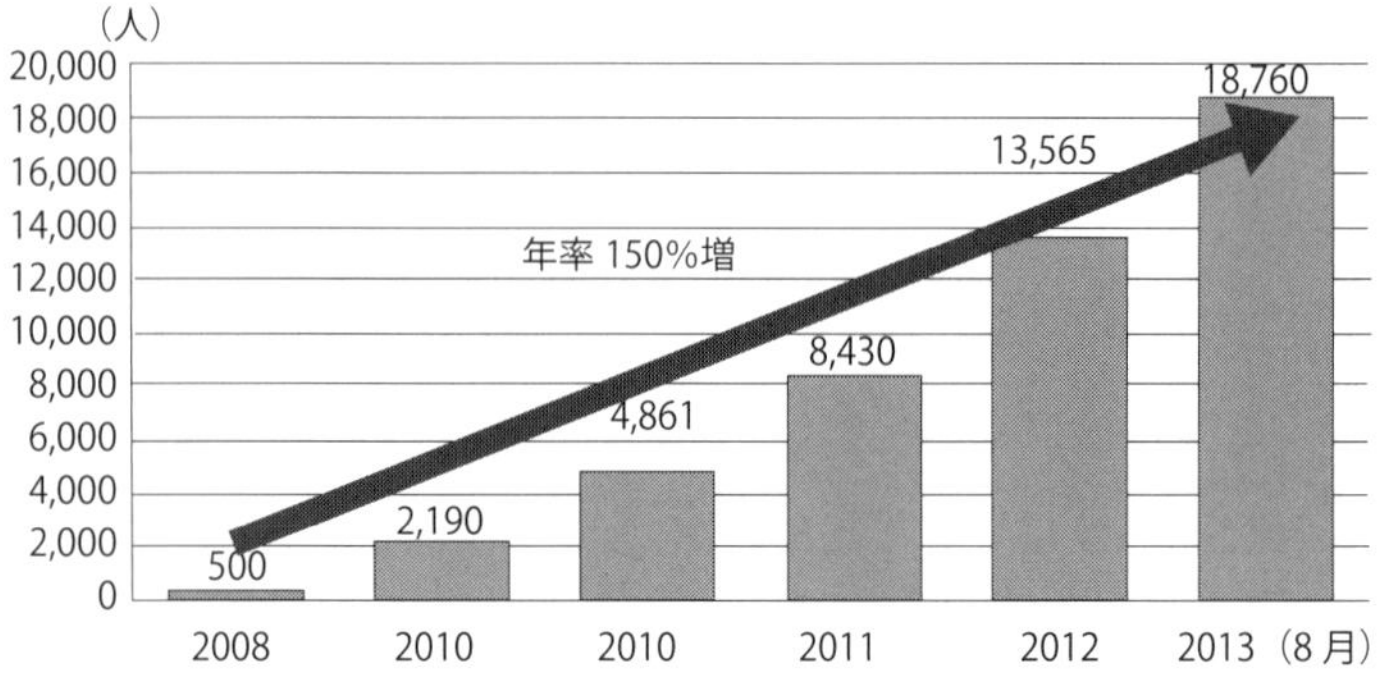

図表 2-6　累積融資金額

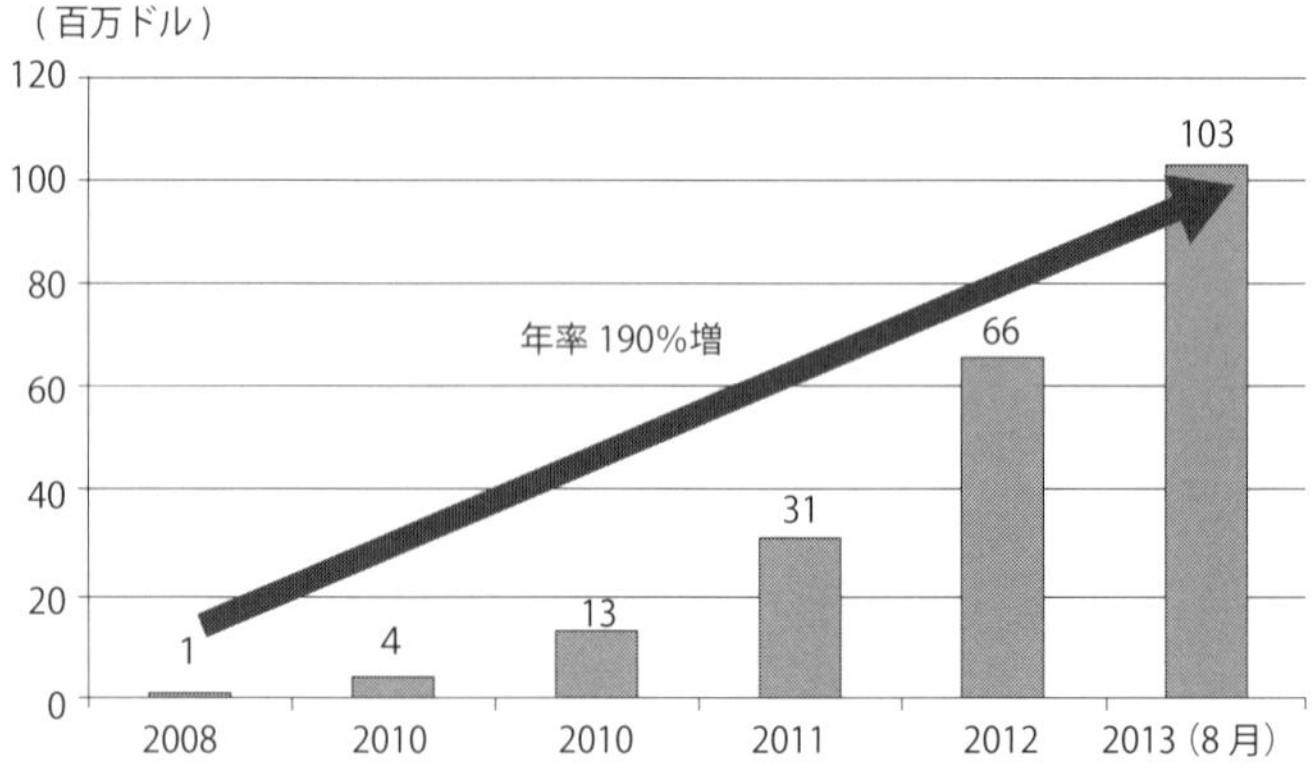

図表 2-7　各支店の返済率

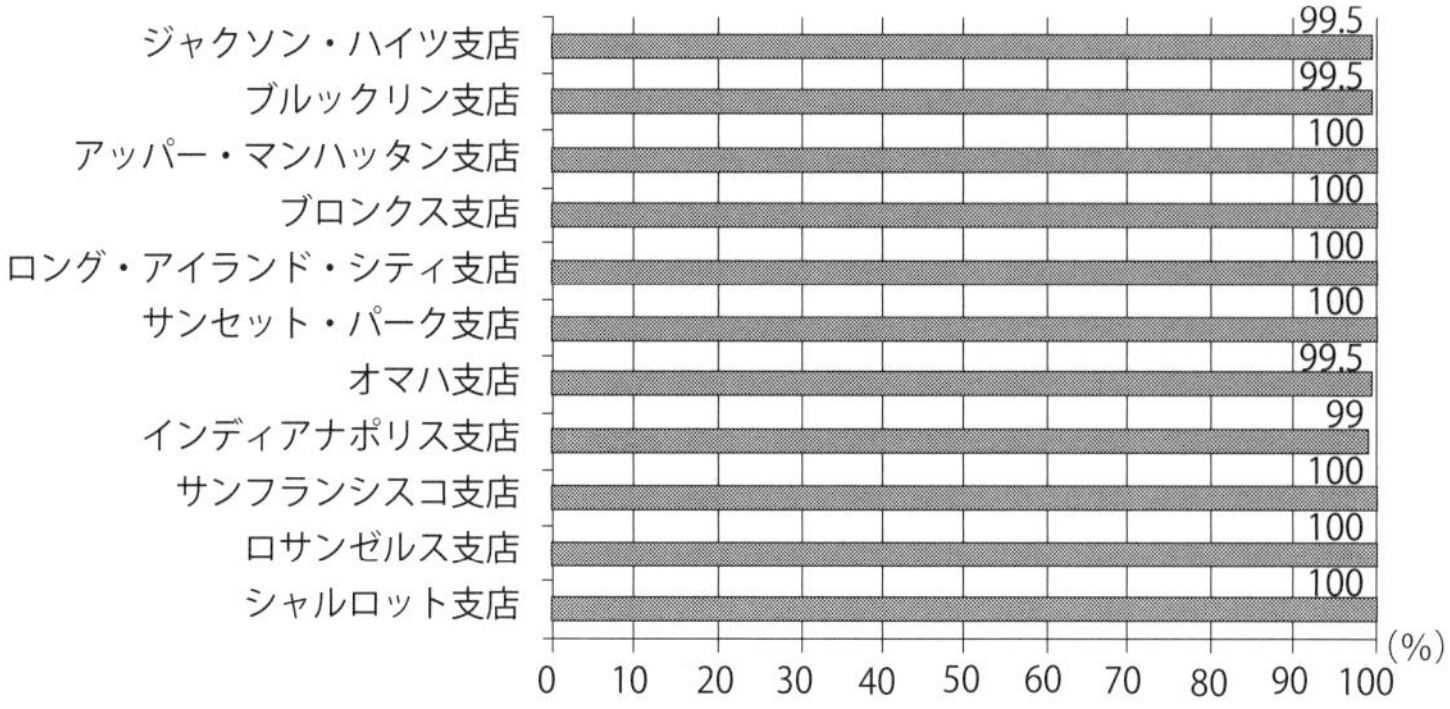

6. 融資実績

グラミン・アメリカは二〇〇八年の設立以来これまでにメンバー（グラミン・アメリカではマイクロファイナンスの借り手のことをメンバーと呼ぶ）一八、七六〇人、融資総額一億三〇〇〇万ドル（約一〇〇億円）のマイクロファイナンスを実行している（二〇一三年八月現在）。

メンバー（借り手）数の推移は図表2-5のとおり、毎年平均約一五〇%増加している。累積融資金額は、図表2-6のように毎年平均約一九〇%増加している。この二つの図表からもグラミン・アメリカが設立以来、急成長してきたことが分かる。

7. 返済率

返済率は、二〇一三年八月現在、九九・八%（貸倒率は〇・二%）で、ほとんど貸倒れがない。支店毎の返済率は図表2-7のとおりである。

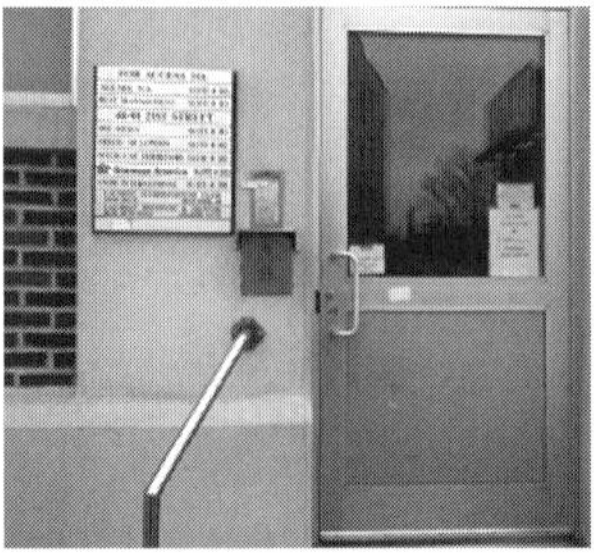

左：トレーニング・センター　地下鉄 E ライン Court Sq. 駅徒歩 2 分。オフィスビル 2 階。
4401 21st Road, Long Island City, NY 11101（2013 年 12 月 6 日撮影）

右：トレーニング・センターでのセンター長研修　（2013 年 12 月 18 日撮影）

8．トレーニング・センター

グラミン・アメリカが支店の拠点を増やしてメンバーや融資金額を拡大していくにはそれを支えるスタッフが必要になるため、スタッフの育成には非常に力を入れている。オペレーションの最前線はブランチ・マネジャー（以下、支店長と言う）とセンター・マネジャー（以下、センター長と言う）である。バングラデッシュから経験豊富な支店長に来てもらうにしても新しい支店の立ち上げ、センター長の採用、メンバーの獲得、日々の支店運営はすべて支店長の責務である。そのためにはアメリカでの運営の仕方等について新任支店長の研修が必要になる。また、センター長は借り手メンバーと直接接触し、日々のマイクロファイナンス業務を遂行する中核になるため、新任センター長に対する研修もグラミン・アメリカの円滑な業務遂行に必要不可欠な要素である。

このグラミン・アメリカのスタッフ研修を担う組織として、二〇一三年一〇月、ニューヨークのクィーンズ区ロング・アイランド・シティにトレーニング・センターが新設された。講師は、シャー・ネワズ・オペレーションCEO、アブダス・サレム・ニューヨーク支局長、アレシア・メンデス総務部長の三人で、グラミン・アメリカの立ち上げ期からの精鋭部隊である。

トレーニング・センターでの研修は、教室での座講と支店等の現場での研修の二つからなる。

II―マイクロファイナンスの融資スキーム

それでは、グラミン・アメリカが実際にどのような融資スキームでマイクロファイナンスを行っているのか具体的に見ていこう。

1. 融資プログラム

グラミン・アメリカの融資プログラムとしては、現在、「ベーシック・ローン（Basic Loan）」と呼ばれる基本的なプログラムがある。それ以外に、「零細企業ローン（Micro-Enterprise Loan）」と呼ばれる、融資金額が二〇、〇〇〇～三〇、〇〇〇ドル（二〇〇～三〇〇万円）のプログラムも規定されているが、二〇一三年一二月現在、融資実績はない。また、自動車で食品・生活用品などを販売する借り手のために「自動車ローン（Member Car Loan）」と呼ばれる自動車の購入・リースに融資するプログラムを検討中である。これらの融資プログラムは融資金額以外の融資条件は基本的に以下に述べる「ベーシック・ローン」の融資条件と同じである。

2. 融資対象

グラミン・アメリカから融資を受ける要件は、
（一）借り手が貧困ライン以下で生活していること
（二）所得を生むビジネス（仕事）を始めたり維持・拡大する意欲を持っていること
の二点である。担保やクレジット・ヒストリー（信用履歴）の有無は問わない。

3. 融資金額

初回の融資金額は五〇〇〜一、五〇〇ドル（五〜一五万円）。一、五〇〇ドル（一五万円）が初回融資の上限であるが、二回目以降の融資は過去の返済状況等を勘案して増減される。

融資増額の基本的なルールは、前回融資の二〇％増を上限として、前回融資の個人のパフォーマンス、グループのパフォーマンス、そしてセンター（第二章Ⅲ参照）のパフォーマンスが考慮される。

具体的には、
（一）個人のパフォーマンス：一〇％
①センター・ミーティングへの毎週の出席状況
②事業の状況
③返済状況
④グループの規律維持とグループの同意
（二）グループのパフォーマンス：五％

五人全員の毎週のセンター・ミーティングへの出席状況と返済状況
（三）センター全体のパフォーマンス：五％
ただし、二回目の融資に限って、最大二〇％あるいは最大五〇〇ドル（五万円）増を上限として支店長の裁量で融資金額が決定される。

他方、融資減額は、
（一）元利の返済が一回滞るたびに、融資額の上限が二％減額される。
（二）センター・ミーティングを一回欠席するたびに、融資額の上限が五％減額される。ただし、センター・ミーティングの欠席日数が何日であれ、融資の減額幅は最大五〇〇ドル（五万円）である。

4．融資期間

六カ月または一年。

5．担　保

無担保。グループの連帯責任制。信用履歴は不要。

個々のローン負債は法的にはメンバー各自が返済義務を負う。グループは個々のメンバーの返済について連帯責任を負うだけで、連帯保証の義務はない。

6. 融資形態

グループ・レンディング。借り手は五人組のグループを作り、毎週センター・ミーティングに参加しなければならない。個人が単独で融資を受けることはできない。

最初の二人が融資を受け、この二人が毎週きちんと返済をすれば、二週間後に残りの三人についても融資が実行される（二：三方式）。

7. 融資金利

年利一五％（Declining Balance Method［定率法］。Ｂｏｘ１参照）。手数料なし。

8. 資金使途

ローンは所得創出（any income generating activities）のために使うことが条件。事業を新しく始めたり維持・拡大するためにローンを使うことが条件で、消費のために使うことは認められない。

9. 返済方式

毎週。

Box 1　金利計算の方法：定率法と定額法

グラミン・アメリカは融資金利の計算方法として「定率法」（Declining Balance Method）を採用しているが、それ以外に「定額法」（Flat Method）という金利計算方法がある。

「定率法」とは、融資期間を通じて元本残高に金利を乗じて元利を計算する方法である。したがって、返済に伴って元本は逓減していくので金利も融資期間に応じて減少していく。

定率法による毎週の返済額は、

借入金額 x 年利／ 52 x（1 + 年利／ 52）^{返済回数}÷ {(1 + 年利／ 52) ^{返済回数} − 1}

で得られる。または、Excel では PMT 関数を用いて簡単に計算できる[(1)]。

他方、「定額法」とは、融資期間を通じて当初の元本額に金利を乗じて元利を計算する方法である。したがって、融資期間を通じて返済元本は一定である。

融資額：1,000 ドル、融資期間：12 カ月、金利（年）：15%（週金利＝ 15 ／ 52=0.288% ）で毎週返済の融資を例にとってみれば、各週の返済は下記のとおりである。

定率法では、返済の前半に金利が多く支払われ、後半に元本が多く支払われる。定率法と定額法を比較すれば、同じ金利では、定率法の方が借り手にとって支払金利が安くなる。定率法は多くの金融機関で一般的な方法で、マイクロファイナンス機関にとっても適当な金利計算方法であると考えられている。

マイクロファイナンス機関の中には、同じ名目金利でも金利収入が増えるため、定額法を採用しているところもある。

［例］

（定率法）

融資金額：1,000 ドル

融資期間：12 カ月

金利（年）：15%（週金利 =15 ／ 52=0.288%）

毎週返済：20.74ドル

元利合計：1,078.48ドル（元本 1,000ドル＋金利 78.48ドル）

元利均等返済

(ドル)

週	元利	元本	金利	残高
0	−	−	−	1,000.00
1	20.74	17.86	2.88	982.14
2	20.74	17.91	2.83	964.23
3	20.74	17.96	2.78	946.27
…	…	…	…	…
52	20.74	20.68	0.06	0.00
合計	1,078.48	1,000.00	78.48	−

（定額法）

融資金額：1,000ドル

融資期間：12カ月

金利（年）：15%（週金利＝15／52=0.288%）

毎週返済：22.11ドル

元利合計：1,150ドル（元本 1,000ドル＋金利 150ドル）

元利均等返済

(ドル)

週	元利	元本	金利	残高
0	−	−	−	1,000.00
1	22.11	19.23	2.88	980.77
2	22.11	19.23	2.88	961.54
3	22.11	19.23	2.88	
…	…	…	…	…
52	22.11	19.23	2.88	0.00
合計	1,150	1,000.00	150.00	−

定額法の金利が定率法ではいくらになるかを右の例で見てみれば、定額法で計算した金利 150 ドルを定率法で得るためには金利は約 13 パーセント・ポイント上昇し、28%になる（72 ドル＝ 150 － 78 の金利収入増）。定率法の下で、金利が 28% であれば、毎月の元利合計の返済額は（20.74 ドルから）22.11 ドルに増加する。

逆に、定率法で計算した金利 78.48 ドルを定額法で得るためには金利は 7.2 パーセント・ポイント減少し、7.8%になる。

このように、同じ金利収入を得るためには、名目金利は定率法で高めに、定額法で低めに表され、同じ名目金利であれば、借り手にとっては定率法の方が定額法より返済金利は安く有利になる。

（定率法と定額法の比較）

	金利 15% 定率法	金利 15% 定額法	金利差	金利 15% 定額法	金利 28% 定率法
実際のコスト（ドル）	78	150	72	150	150

III―ローン実行の基本構造

以上の融資スキームはグループ－センター－支店という三層の基本構造の下でグループ・レンディングにより実行される（図表2－8参照）。

1．グループ

まず、借り手が属する最も基本的な単位は「グループ」である。借り手がグラミン・アメリカのメンバーになって融資を受けるには、必ず新しく五人組のグループを作るか、既存の五人組のグループのメンバーに加わらなければならない。グループのメンバーは大体同じような経済的なバックグランドを有することが多い。メンバーが一人欠けた時でもグループは通常どおり機能するが、一カ月以内に代わりのメンバーを補充しなければならない。メンバーが二人欠けた時には、融資は申し込めるものの二カ月以内に代わりのメンバーを補充しなければならない。三人欠けると、新しい融資は申し込めなくなる。欠けたメンバーを補充して五人組のグループを再形成しなければならない。

2．センター

次に、グループが属する単位が「センター」である。センターと言っても物理的な箱モノがあるわけではなく、一つのユニットの名称である。三～六のグループが集まってセンターが構成されるが、

図表 2-8　グラミン・アメリカのローン実行の基本構造

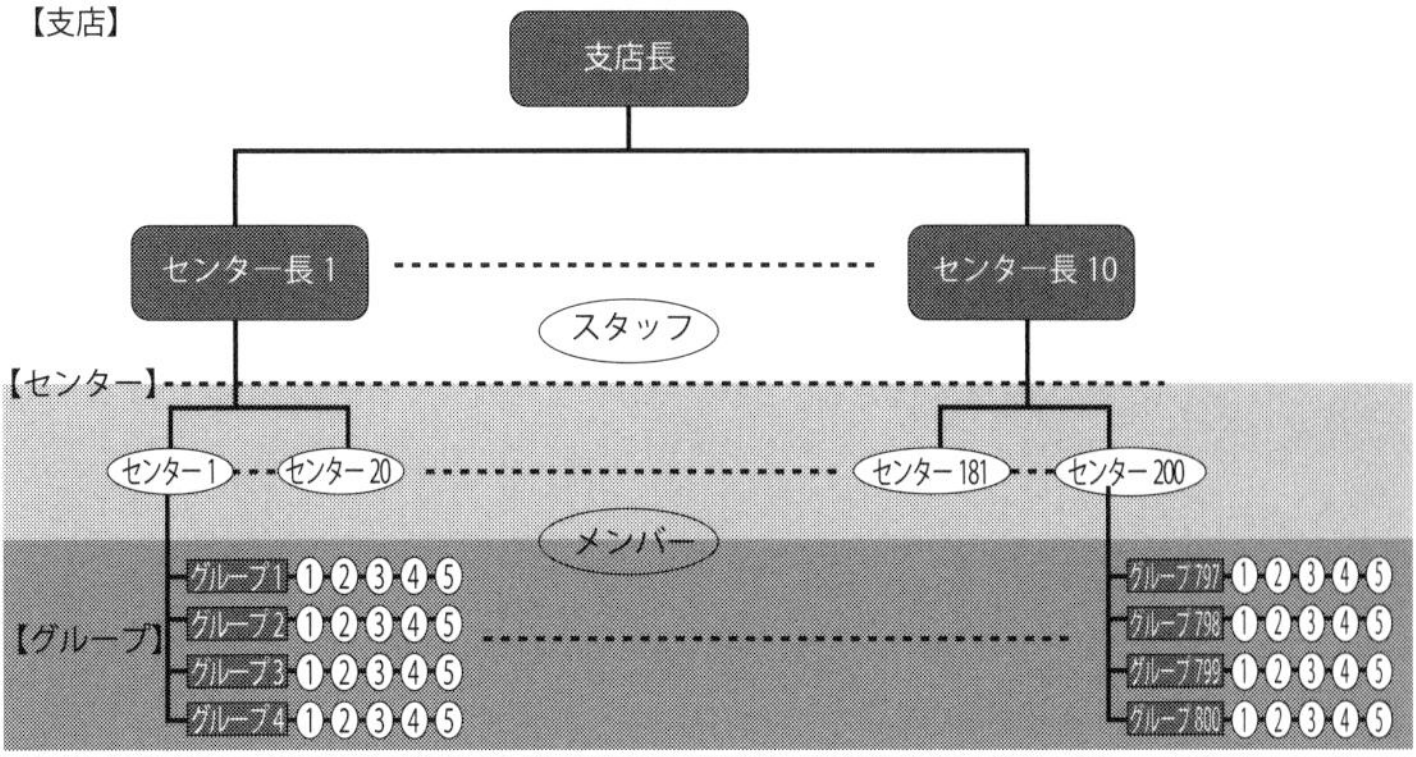

グループのメンバーの近所でセンター・ミーティングが開かれる。グラミン・アメリカのスタッフであるセンター長は毎週そこに出かけていくことになる。「五か条の誓い」（第二章V参照）にあるように、センター・ミーティングは「快適で安全な場所」であればよく、メンバーの自宅が会場になることも多い。

グラミン・アメリカのメンバーは全員、毎週、センター・ミーティングに参加しなければならない。センター長は各センターのセンター・ミーティングでローンの返済金や貯金を集金する。センター長は最高二〇のセンターを受け持ち、グループとセンターを統括して最高四〇〇人のメンバーを取りまとめる役割を担う。その場合、一日に平均四センターのセンター・ミーティングに出て、一週間で二〇センターのセンター・ミーティングに参加するので、八〇グループを受け持つことになる。センターがグラミン・アメリカのローン実行の中核になる。

　センターはメンバーがグラミン・アメリカのルールを守って貧困から脱し、経済的に自立することに責任を持つ単位でもある。第二章Ⅱで述べたように、次回の融資金額の増減には個人やグループだけでなく、センターのパフォーマンスも考慮される。ローンの提案、ローンの資金使途確認や返済などグラミン・アメリカの主だった活動はセンター・ミーティングで行われる。メンバーのビジネス上のトレーニングを行ったり、メンバーが行うビジネスの商品販売、原料調達、運搬などの支援を行ったりするケースもある。グラミン・アメリカとメンバー、メンバーとメンバーの間の信頼醸成はセンターで行われ、センターは「グラミン・アメリカの心臓」と言われる。

　センター長は、グループやセンターのメンバーの実態を一番よく理解している者としてグラミン・アメリカの中でもその判断が重視され、借り手の貧困の程度、借り手が計画している事業の展望、融資額の多寡、メンバーになれるかどうかなどの評価について、かなり大きな裁量を与えられている。もちろん、支店長、支局長、オペレーションCEOの管理・監督の下にあり部内で頻繁に打ち合わせが行われるが、センター長への権限委譲はグラミン・アメリカの運営に機動性と柔軟性をもたらしている。その反

グラミン・アメリカ・ブロンクス支店のセンター長会議　地下鉄2番線Freeman駅徒歩5分。雑居ビル1階。1345 Southern Blvd, Bronx, NY 10459（2013年8月28日撮影）

面、センターごとに区々な運営にもなりがちである。

センター長がメンバーのセンター・ミーティングに行ったり、メンバーの家庭訪問をしたりして自分のセンターの地域を歩いていると、メンバーの女性たちから挨拶をされたり声を掛けられる。これがセンター長のやりがいにもなっている。また、センター長のモチベーションを確保するために優秀なセンター長は支店長に抜擢される道も用意されている。二〇一四年三月現在、ロング・アイランド・シティ支店やサンセット・パーク支店の支店長は、バングラデッシュのグラミン銀行からの派遣ではなく、センター長からの内部昇格である。

グラミン・アメリカ・アッパー・マンハッタン支店　地下鉄1号線207St駅前。雑居ビルの2階。1階は衣料品店。周囲は商店街。135 Post Avenue, NY 10034（2013年7月28日撮影）

3. 支店

グループから構成されるセンターは「ブランチ（支店）」に属する。支店長はグラミン銀行で二〇〜三〇年の経験のある者がバングラデッシュから派遣されることが多い。支店長は最大で四、〇〇〇人のメンバー、二〇〇のセンターを統括する。支店長の下にはセンター長一〇人がスタッフとして配置される。経験則上、管理能力の限界は、センター長が四〇〇人、支店長が四、〇〇〇人のメンバーで、それを超えたら新しいセンターや支店を作ることとしている。

給料は、センター長の場合、おおむね一年目に年収

二四、〇〇〇ドル（二四〇万円）、二年目三〇、〇〇〇ドル（三〇〇万円）、以後、実績に応じて昇給される。支店長の場合は年収四〇、〇〇〇ドル（四〇〇万円）からスタートする。

Ⅳ――具体的なオペレーションの仕組み

次に、グラミン・アメリカの具体的なオペレーションの仕組みを見てみよう。グラミン・アメリカがどのようにしてアメリカでマイクロファイナンスを実施しているのか、具体的な手続きの流れを見ることによってより深く理解できるだろう。

1．入口でのスクリーニング

融資を受けたい女性がグラミン・アメリカの融資対象の要件（(一)貧困ライン以下で生活していること、(二)所得を生む事業を始めたり維持・拡大する意欲を持っていること）に合致するかどうか見定める。

2．ミニ会合

グラミン・アメリカの潜在的なメンバーにグラミン・アメリカのプログラムについて概要を説明するため、4の事前研修の前にミニ会合を開催する。そこでは以下の項目について説明し、参加者の間で意見交換を行う。
・グラミン・アメリカのプログラムの目的
・ローンのメリットとデメリット
・グループ形成の基準
・グラミン・アメリカのメンバーになるには、毎週、センター・ミーティングに出席することが必須であり、メンバー全員が守るべき重要な点であること
・融資実行と返済プロセス
・ローンの資金使途（所得創出のために限定。消費のためには使用不可）
・信用履歴の作り方
・グループ・メンバーの連帯責任
・金利
・貯蓄プログラム
これらについて説明を受けた上で、なおグラミン・アメリカのメンバーになりたい者だけが次の段階に進む。

グラミン・アメリカ・アッパー・マンハッタン支店（グラミン・アメリカの看板）（2013年7月28日撮影）

3. グループ形成

グループを作る時の条件は、

（一）五人一組

（二）徒歩五分圏内に居住すること

グループの各メンバーは徒歩五分圏内に居住していなければならない。グラミン・アメリカの支店からは離れていてもよい。

（三）お互いを知っていること。ただし、五人全員が以前からよく知り合いであるとは限らないし、そうでない場合も多い。

（四）親族は同グループのメンバーにはなれない。ただし、同じセンターに所属することは可能。

親族が同じグループに属することができないのは、利益相反を防ぎ、メンバー間のピア・サポート（仲間の支援）とピア・プレッシャー（仲間の圧力）の関係を維持するためである。

4. 事前研修（Continuous Group Training: CGT）

事前研修では、メンバーはグラミン・アメリカのプログラム、ルール、規律、金融知識を詳しく説明される。毎日一〜二時間、五日間連続して行われる。

事前研修の内容は、貯金する習慣とグラミン・アメリカのルールや規律を理解してもらうことから始まる。貯蓄プログラムは事前研修の中でも重視され、メンバー全員に毎日二ドル（二〇〇円）を持参してもらい、メンバーが一人ずつ交代でメンバー全員の貯金を預かり、次の日の研修に持ってくるよう求められる。各メンバーはグループ全員の貯金を一晩預かる責任を持たされ、研修最終日には各メンバーの貯金は一〇ドル（一、〇〇〇円）になる。
典型的な事前研修の日程は以下のとおりである。

（一日目）

・歓迎と開会
・グラミン・アメリカの目的の説明
・グラミン・アメリカでのグループ形成と事前研修の重要性
・グラミン・アメリカのメンバーになる要件
・グループ形成
・クレジット・スコア
・貯金の集金。メンバーの一人に一晩預託
・まとめ、閉会
支店長とセンター長はメンバーの適格性をチェックするため家庭訪問。

（二日目）

・開会
・出欠確認

・事前研修一日目のおさらい
・グラミン・アメリカの「五か条の誓い」（第二章Ⅴ参照）
・グラミン・アメリカの規律
・グループ、グループ代表、書記の責任
・グループ代表、書記の互選
・貯金の集金。メンバーの一人に一晩預託
・まとめ、閉会

〔三日目〕

・開会
・出欠確認
・事前研修二日目のおさらい
・センター形成とセンターの社会経済的役割について説明
・センター・チーフとセンター副チーフの互選
・ローン商品と金利の説明
・ローンの融資形態（二：三方式）の説明
・ローン提案プロセス
・二回目のローンを完済した人への「零細企業ローン」の説明

・貯金の集金。メンバーの一人に一晩預託
・まとめ、閉会

〈四日目〉

・開会
・出欠確認
・事前研修三日目のおさらい
・貯蓄商品の説明
・ローンと普通預金口座の管理の仕方
・借り手の融資通帳（Loan Passbook）の使い方（Ｂｏｘ２参照）
・融資額の上限と二回目以降の融資額の増減ルール
・貯金の集金。メンバーの一人に一晩預託
・まとめ、閉会

〈五日目〉

・開会
・出欠確認
・事前研修四日目のおさらい

・グループ・メンバー各自のビジネス・プランの発表・意見交換
・ローンの資金使途とそのチェック方法の説明
・返済プロセス、元利の計算方法、領収書の受け取り方法
・メンバーシップの解消
・貯金の集金。メンバーの一人に一晩預託
・まとめ、閉会
事前研修の進捗状況をチェックするため、支店長も出席。支店長が事前研修をレビューし、簡単な口頭でのテストでメンバーの理解状況を評価。研修の追加か認証式（Recognition）に進むかを決定。

ここで、グループ代表、グループ書記、センター・チーフ、センター副チーフの役割をまとめておくと次のとおりである。センター・チーフは借り手のメンバーの中から選出される者で、グラミン・アメリカのスタッフであるセンター長とは異なる。

(1) グループ代表の役割

・毎週のセンター・ミーティングに他のメンバー四人とともに時間厳守で出席すること
・センター・ミーティングの出欠確認
・センター・ミーティングでローン返済と貯金の集金。融資通帳はセンター・チーフを通してセンター長に手渡す（確認後、融資通帳はセンター長からセンター・チーフを通してグループのメン

Box 2　融資通帳（Loan Passbook）

メンバーが行う融資、返済、貯金はすべて融資通帳（Loan Passbook）に記帳される。メンバーは融資通帳を携行し、センター・ミーティングなどに出席する。

（表紙）

Grameen America
Banking for the Unbanked

GRAMEEN AMERICA
www.grameenamerica.com

Bronx, NY

Loan Pass Books

Name:..........

Center Name:..........

Center #.......... Group # .... Loanee # ....

GAI, Bronx
1345 Southern Blvd, Bronx, NY-10459
Phone: 646-410-3277

（裏表紙）

GRAMEEN AMERICA

Prosperity in proper loan, sufferings in excess loan

You may take loan up to maximum limit within the ceiling. But do not misuse your loan. This will only bring you trouble. If you loan becomes overdue, you loan ceiling will be consequently cancelled. So think a lot before you receive the loan and take the minimum amount required so you do not have to go that way. Utilize the money in a way that will yield you certain profit and your loan repayment is not least interruped.

Don't keep cash money in your hand. Cash money don't make any profit, rather it has risk of being spent unnecessarily. If you have a cash money, deposit it against your loan at once. It will reduce burden of your interest. If there is any problem to deposit it against loan, then put it in your personal savings account.

Always remember:

- Don't take loan more than you need. Don't be tempted by others. Build up your own capital. Save with bank.
- Do business with your own money. It gives more profit. Think a lot before taking a loan.
- While receiving a loan, be careful yourself and also tell others to be careful. Never borrow unnecessarily and let not other borrow in the same way.
- Never lend loan money. And do not spend loan money on social ceremonies.
- The key to the prosperity of family is in proper utilization of loan, as well as in appropriate use of money from own income. Use your brain while utilizing your money that will ensure you a prosperous family.

GAI, Bronx
1345 Southern Blvd, Bronx, NY-10459

（融資通帳の仮訳）

グラミン・アメリカ

ニューヨーク市ブロンクス区サザン通り1345

電話：646-410-3277

www.grameenamerica.com

ベーシック・ローン・貯金通帳

名前：＿＿＿＿＿＿＿＿＿＿

メンバー番号：＿＿＿＿＿＿＿＿＿＿

グループ番号：＿＿＿＿＿＿＿＿＿＿

センター名：＿＿＿＿＿＿＿＿＿＿

地域：＿＿＿＿＿＿＿＿＿＿

通帳発行日：＿＿＿＿＿＿＿＿＿＿

支店長サイン：＿＿＿＿＿＿＿＿＿＿

基本ローンの上限

融資番号	融資金額	設定日	支店長サイン

ローン契約

融資番号	月 / 週（日）		返済回数	返済額	返済元利合計	メンバーの約束
	開始	終了				
1						左欄に記載された元利金を決められた期間内に返済します。
2						
3						
4						
5						
合計						
						日付 / サイン
1						左欄に記載された元利金を決められた期間内に返済します。
2						
3						
4						
5						
合計						
						日付 / サイン

センター・ミーティング出欠状況

欠席日		メンバーのサイン	センター長のサイン	コメント

・センター・ミーティング欠席の場合は、欠席日に日にちが記入される。
・センター長は欠席日を記入。メンバーは次回に参加したセンター・ミーティングでサイン。

メンバー番号：＿＿＿＿＿＿＿＿　グループ番号：＿＿＿＿＿＿＿＿

月日	ローン	元利返済		ローン・バランス		金利		累積金利		センター長サイン	支店長サイン

普通預金口座

センター番号：＿＿＿＿＿＿＿＿　グループ番号：＿＿＿＿＿＿＿＿

センター名：＿＿＿＿＿＿＿＿＿＿＿＿＿＿＿＿＿＿＿＿

個人普通預金口座番号：＿＿＿＿＿＿＿＿＿＿＿＿＿＿＿＿

月日	預金		引き出し		バランス		センター長サイン	支店長サイン

ローン資金使途

月日	合計	記述	サイン

グラミン・アメリカ

無理のないローンで生活を豊かに。
ローンが多過ぎると生活が苦しくなります。

ローンは融資上限まで借りることができます。しかし、ローンを間違った用途に使ってはいけません。自分が困ることになるだけです。多額のローンを借りて返済できなくなると、結局ローンの限度額が減らされることになります。ローンを受ける前によく考えてください。後で困ったことにならないようにローンは必要なだけ借りましょう。ローンは所得を生むように使って返済が滞らないようにしましょう。

手元に必要以上の現金を置かないようにしましょう。現金を持っていても利益は生みません。不要な出費をしかねません。もし余分な現金を持っていれば、ローン返済のために貯金をしましょう。金利負担を減らしてくれます。個人の普通預金口座に預けましょう。

次のことをいつも覚えておいてください。

・必要以上にローンを借りないようにしましょう。他の人に誘惑されてはいけません。自分の資産を築いてください。銀行に貯金をしてください。
・自分のお金でビジネスをしてください。利益が生まれます。借金をする前によく考えてください。
・ローンを借りる時には十分注意してください。他の人にも注意するように声をかけてください。必要以上にローンを借りてはいけません。他のメンバーにも注意喚起してください。
・借りたお金を又貸ししてはいけません。ローンを社交的なことに消費してはいけません。
・家族が豊かになるには適正にローンを使い、所得を使うことが大事です。家族が豊かになるようにお金を使うことをよく考えてください。

バーに返却される）
・グループ・メンバーの新規融資提案を承認するかどうかセンター・チーフに伝達すること
・ローン実行一週間以内にメンバーのローン資金使途をチェック
・折を見てメンバーを家庭訪問

（2）グループ書記の役割
・毎週のセンター・ミーティングに他のメンバー四人とともに時間厳守で出席すること
・センター・ミーティングの出欠確認（グループ代表とともに）
・センター・ミーティングでグループ代表がその責任を全うできるよう補佐
・グループ代表がセンター・ミーティングに出席できない時にはグループ代表の役割を代行
・グループ・メンバーの新規融資提案を承認するかどうかグループ代表に伝達すること
・ローン実行一週間以内にグループ代表のローン資金使途をチェック

（3）センター・チーフの役割
・グループ代表全員によってセンター・チーフを選出（毎年一二月に選出され、翌一月から就任）
・毎週のセンター・ミーティングの開催準備の責任者
・センターの出欠確認、返済と貯金の監督、ローンの提案、返済、貯金、センターの規律維持などについてセンター長を手助け

・メンバーの抱えるメンバー間の問題やコミュニティとの問題について解決の手助け
・支店と定期的に連絡を取りセンター長を手助け
・メンバーが「五か条の誓い」を実行できるよう手助け
・新メンバーを支店長に紹介
・もし三カ月以上センター・ミーティングを欠席するような場合、センター・チーフは交替
・万一、センター・チーフが債務不履行になった場合、センター・チーフは交替

(4) センター副チーフの役割

・グループ代表全員によってセンター副チーフを選出(毎年一二月に選出され、翌一月から就任)
・センター・チーフの補助
・必要な場合にはセンター・チーフに助言
・センター・チーフの資金使途をチェック
・センター・チーフが欠席の場合、センター・チーフの役割を代行

特に難しいのは、各支店で最初のいくつかのセンターを作る時であり、各センターでは最初のいくつかのグループを作る時である。一つか二つのグループが形成されると、その後のグループ形成は比較的容易に進むことが多い。新しいセンターは二グループ、一〇人のメンバーでスタートすることが望ましいとされている。

グラミン・アメリカの約六割の借り手は既に何らかのビジネス（仕事）に携わっているが、事前研修の最終日には全メンバーが今後始めたり、維持・拡大するビジネス（仕事）についてグループの仲間の前で発表する。メンバーはそれを聞いてお互いのビジネスに関して意見を述べる。

5. 家庭訪問

新メンバーの家を訪ね、パスポート、運転免許証などの身分証明書や公共料金の領収書などで、登録された住所に実際に住んでいるかどうか、徒歩五分圏内に住んでいるかどうか、同居家族に同一グループのメンバーはいないかどうか等を確認する。

6. 認証式（Recognition）

認証式は、グループが要件に合致し適格であるかどうか、メンバーがグラミン・アメリカのプログラムの目的と手続きを理解し同意しているかどうかを融資実行前に判断するプロセスの最終段階になる。支局長や支店長などのシニアスタッフによって、事前研修を終えたメンバー全員にインタビュー形式で認証テストが行われる。

認証テストでは、一人ひとりがセンターのメンバー全員の前でグループのメンバーの名前やグラミン・アメリカのルールなどを答えさせられる。メンバーはこうすることでグラミン・アメリカのメンバーになる自覚と決意を新たにすることになる。

この認証テストに合格すれば、グラミン・アメリカのメンバーになることができ融資を受けられる。同一センターでは一度に三グループ以上の認証テストは行われない。

認証テストの目的は、

・貧困レベルの検証（最貧、貧困、非貧困）。もし、貧困ライン以上であればメンバーとして認められない。

・メンバーがグループ形成に満足しているかどうか判断し、グループのメンバーがお互いに知っているかどうかを確認。

・グラミン・アメリカの目的やルールを理解し、合意しているかどうかを確認。

・どうしてグラミン・アメリカのメンバーになりたいのか、プログラムをもっとよくするにはどうすればよいか情報収集。

・事前研修への出席状況の確認。

正式にメンバーになれるかどうかについて、支店長ないし支局長から認証テストの後に発表される。

認められない場合には、その理由を明らかにした上で、グループ形成のやり直しを求められる。事前研修やメンバーの選定で何が悪かったのか、どうすればよいのかを伝達する。

7．普通預金口座の開設

グラミン・アメリカが提携する地域の銀行（シティバンク、キャピタル・ワンなど）にメンバー名義の普通預金口座を開設する（手数料なし、最低預入限度額なし）。五日間の事前研修で合計一〇ドル

図表 2-9　ローン融資額と毎週の貯金額

ローン融資額	毎週の貯金額
～ 3,000 ドル	2 ドル
3,001 ～ 5,000 ドル	5 ドル
5,001 ～ 10,000 ドル	7 ドル
10,001 ～ 15,000 ドル	10 ドル
15,001 ～ 20,000 ドル	15 ドル
20,001 ～ 25,000 ドル	20 ドル

（一、〇〇〇円）を貯金し、ローン融資後も毎週、少額（最低二ドル（二〇〇円））の貯金を自分の普通預金口座に貯金するよう求められる。

毎週の貯金額は図表2－9のようにローン融資額に応じて決められている。

二五、〇〇〇ドル（二五〇万円）以上のローン融資額は、五、〇〇〇ドル（五〇万円）増える毎に毎週の貯金額が五ドル（五〇〇円）ずつ増える。貯金への付利は提携銀行の普通預金金利による。

8．融資提案・承認

融資の申し込みは、センター全員の立会いの下でなされる。まず、融資の申し込みをしたいメンバーは融資を受けたい金額や事業計画を記した「ローン提案」をセンター・ミーティングでグループに報告し、合意を得る必要がある。次に、グループ代表がセンター・チーフに提案し、センター・チーフがグループ代表やグループ及びセンター全員と相談しながら最終的な「ローン提案」をセンター長に提出する。

ローン提案の決定過程にグループ全員が関与することが重視される。グループは仲間のメンバーの「ローン提案」が適正な金額であり、計画しているビジネス（仕事）が適正なものであることを確認する。「ローン提案」はグループ及びセンターによって推薦されなければならない。センター長は、メンバーの家やビジネス（仕事）の状況を確認するためメンバーの家や仕事場を訪問して、「ローン提案」が適正なものであるかどうか確認し、「ローン提案」の金額を推薦する。必要であれば融資金額の減額について意見を述べることができる。融資金額は最終的には支店長決済によって決定される。

9．融資実行

支店で支店長から小切手等で融資を受ける（disbursement）。借り手は身分証明書を提示し、融資実行から七日以内に融資金額を使うようアドバイスされる。

10．資金使途の確認

実際にローンが事業資金として使われているかどうか確認される。ローンは所得創出のために使われることが条件で、消費に費消されることは許されない。融資条件と違う資金使途が放置されれば、メンバー間でそのような行為が許されているものと誤解されセンター全体のローン返済に問題を生じかねないため、この資金使途の確認プロセスは非常に重視される。

（一）センターやグループではローンの適正な資金使途が「カルチャー」にまでなるよう奨励される。グループ代表、センター・チーフ、センター長が全員で確認することになっている。特に、各メンバーの最初の数回のローンの資金使途は支店長も確認する。

（二）借り手の女性たちはローン実行後七日以内にローンをビジネス（仕事）のために使用する

ようアドバイスされている。たとえば、業務用の大型冷蔵庫を購入したら、そのレシートをグループ代表に提出しなければならない。グループ代表はメンバーの家や仕事場を訪問してそれを確認し、「ローン資金使途フォーム」を作成して次回のセンター・ミーティングでセンター・チーフに提出する。センター・チーフは確認後、同フォームをセンター長に提出する。グループ代表とセンター・チーフは別々にこの確認作業をすることになっている。

（三）センター長は、メンバーの家や仕事場を訪問しレシートと購入した物を照合して、適正な資金使途かどうか確認する。センター長は新規ローンすべての資金使途をチェックしなければならない。二回目以降のローンについては通常業務の中でチェックすればよい。ただし、この確認プロセスが徒に居丈高になったり、警察の取締り的なものにならないよう、また、メンバーとの良好な関係を促進し必要な情報を収集するために行われるものであるようセンター長は常に注意喚起される。

（四）支店長はローンの二割を目安に資金使途のチェックを行う。支店長のチェックは、センター長の働きぶりをチェックすることも兼ねて、借り手に予告なしで行われる。

（五）不適正な資金使途が判明した場合は、借り手は支店長にローンを返済しなければならない。

（六）実際の資金使途はセンター・ミーティングで定期的に議論される。各メンバーの資金使途がセンター全員にオープンにされることで、ピア・プレッシャーが働くことになる。

11. センター・ミーティング

センター・ミーティングは毎週開催され、そのセンターに属するすべてのグループとメンバーが出席する。センター・ミーティングでは、センター長は集金台帳（Collection Sheet）と照合しながら、ローンの元利返済金や貯金をメンバーから集金する。集金したお金をその日の内に銀行に預けるため、センター・ミーティングは午前中に開催されることが多い。メンバーもそれぞれ仕事や家事があるため、かなり忙しい。メンバーが望む場合には、朝五時にセンター・ミーティングを開くセンターもある。

グラミン・アメリカ・ロング・アイランド・シティ支店のセンター・ミーティング（メンバーのアパートの一室）（2013年8月23日撮影）

すべての融資・返済・貯金の記録は借り手の融資通帳（Box2参照）にセンター・ミーティングで記帳される。センター・ミーティングでは金融教育、借り手に影響する社会経済問題、ビジネス上の問題などについても話し合いや情報交換が行われる。

センター・ミーティングに参加しないメンバーがいると、グループの代表や他のメンバーが電話をしたり、彼女の家を訪ねてどうしてセンター・ミーティングに参加できないのか確認し、センター長に報告することになっている。センター・ミーティングへの出席はメンバーとして最も重視されることで、無断欠席をすると「不規則メンバー（irregular member）」としてリストに載せられることになる。そうすると、自分だけでなく、グループやセンターの他のメンバーの次の融資にも影響することになり、グループ全体に影響が及ぶためピア・プレッシャーが働く。

ここで「不規則メンバー」とは、センター・ミーティングに無断欠席するなどグラミン・アメリカのルールや規律を守らないメンバーのことである。グラミン・アメリカではセンター・ミーティングへの出席が最も重視されるので、返済が滞ってもセンター・ミーティングに出席していれば不規則メンバーとはされない。

センター・ミーティングを通じて、グラミン・アメリカのセンター長はメンバーと、メンバーはメンバー同士と毎週定期的にコンタクトを取ることができる。いろいろなことが話され、センター長が相談に乗ったりメンバー同士で情報交換や助け合いが行われる。センター・ミーティングは単にローンの返済や貯金を集金する場として機能するだけではなく、ピア・サポートとピア・プレッシャーの場であり、センター長とメンバー、メンバーとメンバーの間の信頼醸成の場になっている。このセンター・ミーティングによってグラミン・アメリカが高い返済率を維持できることにつながっている。

以上の手続きの中で、1～6のステップが審査（スクリーニング）プロセスで、このステップをきちんと踏むと、その後がスムーズにいくとされており、センター長の研修でも強調される。この段階で、不適格者やモチベーションのない人々はスクリーンにかけられ、グラミン・アメリカのメンバーになることができない。毎日五日間、グループ内でスケジュールをやり繰りして事前研修に出席することは借り手に相応のコミットメントがないと続かないハードルである。

左：シャー・ネワズ・オペレーション CEO （2013 年 12 月 18 日撮影）
右：グラミン・アメリカ・アッパー・マンハッタン支店のセンター長会議 （2013 年 8 月 10 日撮影）

他方、このプロセスを通じて、借り手はグラミン・アメリカのプログラムをよく理解し、メンバーとしての責務にコミットメントを高めることになる。グラミン・アメリカにとっては、この事前研修等の審査プロセスを通して、借り手の適格性が判断でき、不適格者がメンバーになることを拒否できることになる。

途中で脱落者が出ると、五人組のメンバーがそろわなくなるが、融資を受けるには五人組のグループを作ることが融資の条件なので、残りのメンバーは誰か代わりの人を探さなければならない。こういうことは研修の最中に結構頻繁に起こる。研修中に、最終段階でグラミン・アメリカからは融資を受けたくないという人が出てきたり、研修の途中で出席しない人が出てきたり、五人の中に徒歩五分圏内に住んでいない人がいることが判明したりして、メンバーの適格性を満たさないことが明らかになることがままある。

バングラデッシュのグラミン銀行で長い経験を持ち、グラミン・アメリカを立ち上げた功労者でもあるシャー・ネワズ・オペレーションCEOは「三〇年間のキャリアで借り手が原因で不規則メンバーになったことはない。センター長が説明不足だったり、家庭訪問をしなかったり、時間を守らなかったりするなど、たいていの場合、センター長の側に問題がある。メンバーに対して、センター・ミーティングに時間厳守で出席することを求めるのであれば、センター長は少なくとも五分前に着くようにするなど自らを律することが大事だ」とセンター長会議やセンター長研修の場で、微笑みを絶やさない、いつものソフトな口調で何度も強調していた。

V―グラミン・アメリカのビジネスモデルの特徴

グラミン・アメリカは他の金融機関に比べてどのような特徴があるのか、ここでその特徴をまとめておこう。

1. 無担保のマイクロファイナンス

グラミン・アメリカの融資対象は貧困ライン以下で生活するアメリカの貧困層である。これらの人々は、通常、担保となるような資産は持っておらず、銀行など通常の金融機関から排除された人たちである。それらの人たちに金融アクセスを提供するのは、マイクロファイナンスやCDFIを除けば高金利・高手数料を課す営利ノンバンクなどだけである。社会保障制度のセーフティネットや慈善団体の事業から漏れてしまうが、自分でビジネス（仕事）をしようとする人にとって無担保で低金利のマイクロファイナンスは極めて貴重な存在になっている。

グラミン・アメリカの借り手は、新規に仕事を始めるばかりでなく既に仕事を始めていて、その維持・拡大のために融資を必要としている人も多い。また、高利貸しなどの代替手段としてではなく、それらに加えて補足手段としてグラミン・アメリカを利用するケースも見られる。

アメリカでは自分で仕事を始める自己雇用だけでなく、他人に雇用される被雇用の機会も少なからず存在する。しかし、被雇用が経済的に自立するよい方法とは限らない。技能や技術の低い労働者が就く職業は、典型的には低賃金、長時間労働、危険で不衛生な労働条件下での労働を余儀なくされる場合が多い。しかも季節変動が大きく短期契約である場合が多い。これに比べて、零細でも自己雇用はより安定した所得やよりよい労働条件の場合もある。アメリカの貧困層の母子家庭にとって、自己雇用の労働環境はよりフレキシブルな労働時間を確保できることが多い。子どもを預けられない場合などには子どもの近くで仕事ができることは自己雇用のメリットになる。

他方、化粧品や栄養補助食品を販売したり、ヘアサロンやネイルサロンで働いたり、屋台で食べ物を売ったりするビジネスは天候や季節に左右されやすく、マーケット規模が大きくないため参入者が多くなると収益が悪化するリスクがある。

グラミン・アメリカの借り手の中には、自己雇用の仕事に加えて家政婦、子守りなどパートタイムや副業として他人に雇用され仕事をするケースも多く見られる。

2. グループ・レンディング

グラミン・アメリカの融資形態はグループ・レンディングである。グループ・レンディングとはグループが全体として一つの融資を受けるという意味ではない。融資の条件としてグループの形成と関与が求められる融資形態のことである。グラミン・アメリカの場合、借り手は五人組のグループを形成し、毎週センター・ミーティングに参加することを求められるが、ローンは個人毎になされる。しかし、通常の銀行のように、グループとはまったく関係なく個人一人ひとりが融資を受ける個人レンディングとは異なり、グループがグループ・メンバーの個々の融資に対して連帯責任を負う。ただし、グループの他のメンバーが連帯保証の義務を負うわけではない。個々の借り手のローン債務に対して返済義務を負うのはあくまでもその個人のみである。グループ・メンバーは連帯責任として仲間がローンを期限どおりに返済できるようピア・サポートやピア・プレッシャーを期待される。実際には、同じグループのメンバーがローンを返済できないと、グループによっては他のメンバーのローンを立て替えて返済するケースも少なからず見られる。

このようなことが可能な理由は、

・自分さえきちんとローンを返済すればよいというわけではなく、連帯責任としてグループやセンターの仲間のパフォーマンスも重視される（次回新規融資や融資額の増減がグループやセンターの他のメンバーの返済状況等によって左右される〔第二章Ⅱ参照〕）仕組みが融資スキームにビルトインされている）こと
・毎週の返済額が少額であること
・いずれメンバーから返済してもらえるという、日ごろのグループ内での信頼関係があること
・お互いに徒歩五分圏内に居住しているので、家を訪ねてフォローアップができること

などであると考えられる。

また、第二章Ⅱで述べたように、融資形態は最初の二人が融資を受け、この二人が毎週きちんと返済をすれば、二週間後に残りの三人の融資が実行される（二：三方式）。この間、残りの三人は融資を受けておらず、返済する義務も発生していないが、それでも五人全員がセンター・ミーティングに出席しなければならない。残りの三人は最初の二人がきちんとセンター・ミーティングに出席し返済しないと自分たちが融資を受けられないので、最初の二人がきちんと返済するようにピア・プレッシャーが働く。グラミン・アメリカでは、原則として五人一緒に融資する方式は採用していない。

順調に返済が進むと、六カ月後ないし一年後に最初の二人がローンを完済し、その二週間後に残りの三人がローンを完済することになる。二度目の融資も最初の二人が先行し、残り三人が続くことになる。メンバーがセンター・ミーティングに出席しなかったり滞納したりしない限り、二週間のギャップは維持されることになる。

バングラデッシュのグラミン銀行では、最初に二人、次に二人、最後にグループ代表の一人という順番で融資が実行された（第四章Ⅰ参照）。最初の二人が毎週きちんと返済すれば、一カ月後、次の二人が、さらにその一カ月後、残りの一人が融資を受けられる（二：二：一方式）。最初の二人が融資を受け、最後の一人が融資を受ける頃には最初の二人は返済後期で次の融資を計画していることが多いため、最後の一人に対して返済を強く促すというピア・プレッシャーが働く。

シャー・ネワズ・オペレーションCEOがグラミン・アメリカに派遣される前に赴任していたドミニカ共和国では三：二方式であった。最初、グラミン銀行の二：二：一方式を提案したが受け入れられなかったので、三：二方式に変更した。「やってみて、うまくいかなければ修正する」「うまくいかないのは、借り手に問題があるのではなく制度に問題があるからなので、制度を修正する」というグラミン流の考え方を実践したとのことである。

バングラデッシュのグラミン銀行でも、当初、二：二：一方式を採用していたが、二〇〇二年に五人一緒に融資する方式（Grameen II）を導入している（第四章I参照）。

グループ・レンディングの効果としては、

・貧困ライン以下で生活する借り手が五人組のグループのメンバーになれば、グループからサポートを得られると同時にプレッシャーも受けることになりグループ内で目標達成の意識が高まること、

シャー・ネワズ・オペレーション CEO（中央）及び支店長たちと
（トレーニング・センターにて）（2013 年 10 月 24 日撮影）

・グループを形成することによりメンバー間の相互チェックがなされるので、グラミン・アメリカの取引コスト（審査・債権回収コスト）を省くことができること、

・融資が認められるにはグループ全員の賛成が必要であり、メンバーは融資に対する道義的責任を感じるようになること

がある。グラミン・アメリカのマイクロファイナンスは無担保融資だが、「ピア・サポート、ピア・

プレッシャー、規律（discipline）」が担保となる。

個人主義の強いアメリカのニューヨークのような都会で、どうしてグループ・レンディングができたのか？　シャー・ネワズ・オペレーションCEOや支店長たちによれば、「信頼をいかに作ることができるかがカギだった。グループを作って五日間、一緒に事前研修を受ける。そこでメンバーはお金を借りて、ビジネスをして貧困から脱け出そうという目的を共有することを自覚するようになる。グループを作ることで融資を受けられるのであれば、それに従うというのが借り手の女性たちの意見だった。アメリカは確かに個人主義の国だが、目的のためにグループを作り、一緒にセンター・ミーティングに出て活動するうちにアメリカでもグループ内に信頼関係が生まれた」。グループ・レンディングのマイクロファイナンスは既に共同体意識が存在しているところでしかできないのではなく、むしろそれまでにはなかったコミュニティや人々とのつながり、ソーシャル・ネットワークが新たに創り出されてさえいる。

3. クレジット・ヒストリー（信用履歴）の構築

グラミン・アメリカは借り手のローン返済状況を信用情報機関エクスペリアン（Experian）に報告する。グラミン・アメリカの多くのメンバーは信用履歴を持っていないが、こうすることで、信用履歴を形成・強化し、将来、銀行などの金融サービスにアクセスする機会を得ることができる。

アメリカでは、信用履歴がないとクレジットカードや融資などの銀行の金融サービス、アパートの賃貸、携帯電話の購入などで著しく制約を受けることになる。その結果、ペイデイなどの高利貸しに駆け込むことになりやすい。

グラミン・アメリカのメンバーになる前には信用履歴がまったくなかった人も平均で六七〇点のクレジット・スコアを達成している。

4．貯蓄習慣の醸成

アメリカでは多くの貧困層は通常の銀行と取引関係はない。銀行口座を維持する手数料コストや開店時間の制約などから銀行口座を持たないアンバンクトの人々は自分のお金の安全な保管場所を探すのに苦労する。

また、雇用主は賃金を小切手で支払う場合が多いので、アンバンクトの人々は支払われた賃金を現金化するために、手数料の高い小切手現金化業者を利用することになる。小切手現金化業者に支払われる手数料は、年間で相当な金額になり、賃金が多分に目減りしてしまう。

グラミン・アメリカのメンバーが開設する普通預金口座は借り手自らの名義のもので、仮に返済が延滞した時にも貯金が担保とされるわけではない。

グラミン・アメリカがメンバーに貯蓄を奨励する理由は、

・メンバーが普通預金口座を持てば、タンス預金に比べて安全な保管場所にお金を保有することができる。

・定期的に貯金することで何気なくお金を費消してしまうことを防ぎ、貯蓄を習慣づけることはお金に関する規律を育むことになる。そうすることで、メンバーが急な出費や医療費の支払いなど緊急にお金が必要な時に役立てることができ、消費を平準化するのに高利貸しに頼らなくても済む一助になる。

・銀行と取引関係を持つことで、当座預金口座のような他の銀行サービスを利用することができるようになり、高利貸しに支払う手数料を節約することにつながる。

5．金融リテラシーの向上

事前研修の五日間で、金利、元金、融資商品、貯蓄商品、信用履歴など金融リテラシー向上のためのトレーニングを受ける。また、毎週のセンター・ミーティングでも、ビジネスの仕方など実践的なテーマについてトレーニングを受け情報交換を行う。金融知識はメンバーがグラミン・アメリカの規律を守る上で役に立つが、将来、銀行やクレジットカード会社と金融取引をする上でも不可欠である。金融リテラシーを身につければ、メンバーが金融詐欺や不利な取引にだまされることを予防することにもなり、また、自分のビジネスの収支計画や予算を作るなど事業を営む上でも有益である。

6．ソーシャル・ネットワークの形成

グラミン・アメリカのマイクロファイナンスは、図表2－10のように三つのレベルで相乗的な効果を発揮する。

（一）個人のレベルでは、借り手の女性たちに所得創出のための資金を融資してビジネスや金融面での技術を身につけてもらうことで、彼女たちに地位向上・啓発（エンパワーメント）の

図表 2-10　マイクロファイナンスの相乗的な効果

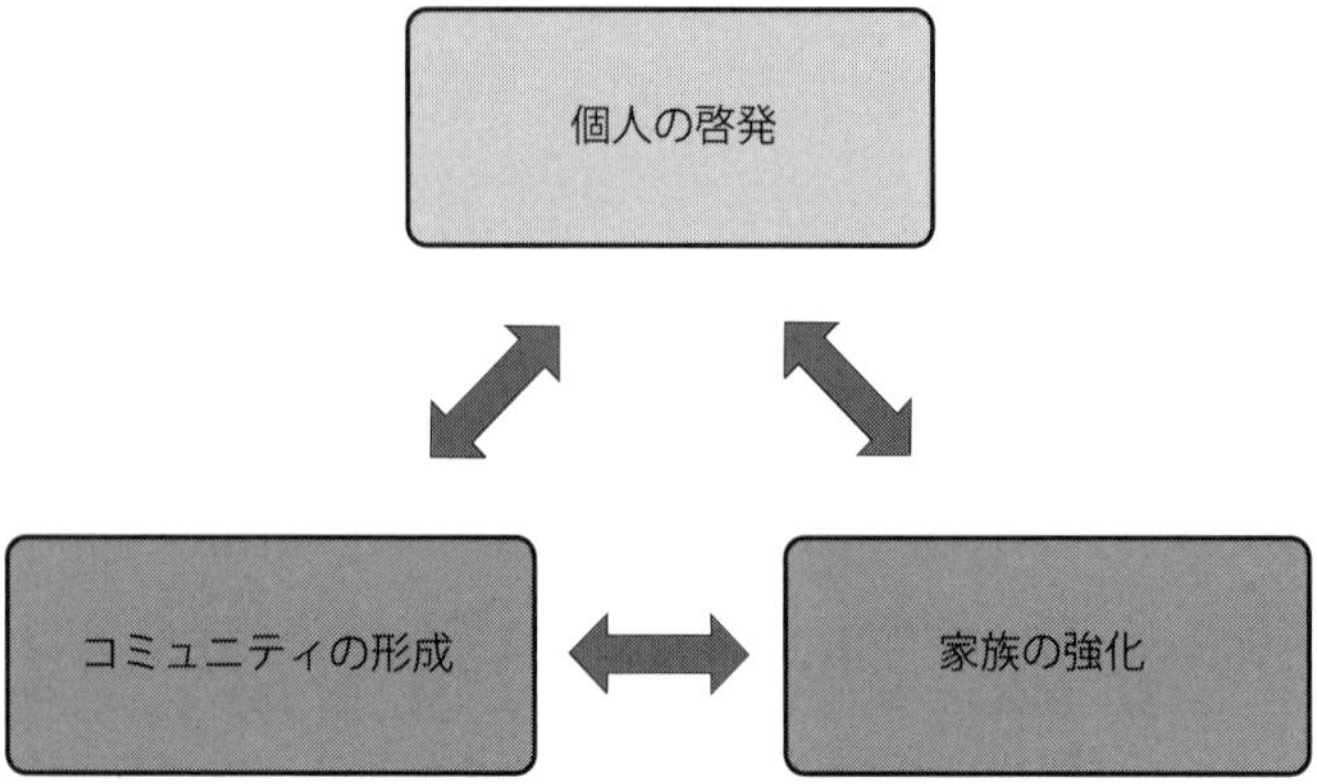

機会を提供する（個人の啓発）。

（二）家族のレベルでは、借り手の多くがシングルマザーであることから、グラミン・アメリカによるインパクトは借り手の女性たちのみならず、その子どもたちにも及び、世代間の貧困の連鎖を断ち切ることにつながる（家族の強化）。

（三）コミュニティのレベルでは、グループやセンターという単位を持つグラミン・アメリカが核となって、コミュニティや人々のつながりが形成される（コミュニティの形成）。

融資を受けてビジネスをする、そして自分と家族が貧困から脱却するのだという目的を共有することでメンバーの間に一体感が生まれる。また、センター・ミーティングで毎週定期的に顔を合わせることで、コミュニティや人々とのつながりが生まれ、金銭面でも非金銭面（子どもの世話や料理など）でも助け合える友人や知り合いのネットワークができる。これが貧困で孤立した状態から抜け出すきっかけにもなる。グラミン・アメリカの借り手は友達や知人に雇われるというケースも多い。グラミン・アメリカのメンバーにならなければ生まれなかったであろう、コミュニティや人々のつながり、ソーシャル・ネットワークが作られることになる。

メンバー間の規律については「五か条の誓い」がある。グラミン銀行では「一六か条の誓い」（第四章Ⅲ参照）であったが、それを踏まえてグラミン・アメリカではスタッフやメンバーがアメリカの実情に合うように話し合いを重ねて「五か条の誓い」に修正した。グラミン銀行の「一六か条の誓い」も当初は四か条であった。

グラミン・アメリカの「五か条の誓い」

一、私たちはグループの規律を守り、この同じ原則をビジネスや個人の生活に応用することを誓います。私たちは快適で安全な場所を選んで、毎週、センター・ミーティングを開きます。

二、信頼と善行はセンターの重要な部分です。信頼や規律が守られていないことが分かったら、私たちは責任を持って誰かに知らせ、センターの規律を回復するために協働します。

三、私たちは貯蓄に励み、できるだけ資産を増やして、それをもとにビジネスを拡大します。

四、私たちは自分の健康管理に注意して、自分と家族の健康を第一にします。私たちは健康に悪いことはしないようにします。

五、私たちは信用履歴を確立するために責任のある金融行動を取ります。

マイクロファイナンスは資本コストを減らすためにムラ社会共同体ベースで工夫された金融であり、コミュニティ意識の希薄な先進国や都会では行えないと言われることがある。しかし、このような通念はグラミン・アメリカが先進国アメリカのニューヨークでグループ・レンディングによるマイクロファイナンスを実施している事実によって覆された。

マイクロファイナンスは貸し手と借り手の情報の非対称性の溝を埋め、資本コストを減らすために工夫された単なる金融技術ではない。私的利益の最大化の手段ではなく、貧困という社会経済問題を解決するために財務的にも利益を上げてビジネスをサステナブルなものにするという点がマイクロファイナンスの本質的な点である。これを忘れると上場した一部のマイクロファイナンス機関のように私的利益の最大化のための金融技術として利用されることになってしまう。それでは、高利貸しとなんら変わらない、もはやマイクロファイナンスとは呼べないものになってしまう[2]。

アレシア・メンデス総務部長（2013年12月18日撮影）

グラミン・アメリカの立ち上げ期にメンバーとグラミン・アメリカの間に立って最前線で苦労したアレシア・メンデス総務部長は、「ユヌス博士とグラミン銀行が、そして今自分たちがやっているグラミンのプログラムがノーベル平和賞などで認められたのは単にお金を貸しているからではなく、人々やコミュニティを結びつけたからだ」と語っているが、グラミン・アメリカのスタッフはこのことを誇りに日々の業務に励んでいる。マイクロファイナンス、特にグラミン・アメリカのグループ・レンディングのマイクロファイナンスには先進国や都会に存在しなくなったコミュニティや人々のつながりを回復し再生する力があることは、特記されるべきマイクロファイナンスの特徴である。

注

（1）Excel 関数 (http://www.excel-list.com/pmt.html) (accessed March18, 2014).
（2）Sinclair (2012).

第三章　グラミン・アメリカの借り手の女性たち

I――借り手の女性たちのビジネス

1．メンバーのプロフィール

典型的なグラミン・アメリカの借り手の女性たちのプロフィールは、

・貧困ライン以下で生活している
・家計所得は年収一五、〇〇〇ドル（一五〇万円）以下である
・シングルマザーが多い
・ビジネス（仕事）を始めたり維持・拡大する意欲がある

ことである。

アメリカのある母子家庭（母一人、子二人）の家計がどのようなものか見てみると、一家で働き手は母親だけで、最低賃金七・二五ドル（七二五円）よりも高い時給八・五〇ドル（八五〇円）で週四〇

時間（アメリカの平均週労働時間は三四時間）就労している場合、年収は一七、六九〇ドル（一七七万円）になる。そこから社会保障税〇・五〇ドル（五〇円）／時間、健康保険料二〇〇ドル（二万円）／月が天引きされると、所得税は免除されても、手取りの年収は一四、二四〇ドル（一四二万円）になる。そこから、アパートの家賃月七〇〇ドル（七万円）を差し引くと、残り五、八四〇ドル（五八万円）が一年間の生計費になる。もし、アメリカ社会で必需品の自動車を持っていれば、ガソリン代、保険料、維持管理費等で年約三、〇〇〇ドル（三〇万円）がかかり、残り二、八四〇ドル（二八万円）で一家三人の一年間の食費、被服費、光熱費等を賄わなければならない。これは家族一人当たり一日に二・六ドル（二六〇円）ということになる。このような状況で病気、ケガ、事故などに遭遇すると、家計は破綻するということになりやすい。

ニューヨークの六支店の借り手はヒスパニック系の女性が多い。グラミン・アメリカの融資条件は、貧困ライン以下で生活し、ビジネス（仕事）を始めたり維持・拡大する意欲があるということだけであるが、グループを形成し、毎週センター・ミーティングに参加するなどグラミン・アメリカのルールを守ってメンバーになるのはこれまでヒスパニック系の女性が多かった。

補助的栄養支援プログラム（旧フードスタンプ：ＳＮＡＰ）など社会福祉の金銭・現物給付を受けている人たちも、貧困ライン以下で暮らしていて仕事を始めたり維持・拡大する意欲があれば、グラミン・アメリカのメンバーになる資格があるが、社会福祉の給付を受けている人は働いて収入を得れば、その分だけ給付が減らされるのでローンを借りて働くということにはなりづらい。また、州によっては、社会福祉の給付を受けながらローンを借りることができないので、社会福祉の給付を受けるか、社会福祉を断りローンを借りて仕事をして収入を得るか、二者択一の選択をしなければならない。社会福祉制度が自ら努力して貧困から脱却する妨げになっている例である。このような不都合を改善すべく、イリノイ州は生活保護を受けたままマイクロファイナンスを借りられるよう法改正した[1]。

グラミン・アメリカとしては、ヒスパニック系だけでなくアフリカ系、白人系、アジア系の女性たちや社会福祉の給付を受けている人たちにもアウトリーチの努力を続けている。

グラミン・アメリカのメンバー

（出所）グラミン・アメリカ

グラミン・アメリカを知るきっかけは口コミが多く、友達や知り合いからグラミン・アメリカのことを聞いてメンバーになったという人が多い。借り手は新しいグループを作るために新しいメンバーを連れてきたり、紹介するようセンター長から奨励される。特に、比較的新しいセンターの場合には、三つ以上のグループがないとセンターを作って融資を実行できないので、まずはメンバーを増やすことが必要である。グラミン・アメリカはテレビ等マスコミで広告を出すことはしないが、ビラ、集会での勧誘、フェイスブック等ソーシャル・ネットワーク、街路の屋台での直接接触などを通じてメンバーを増やしている。

グラミン・アメリカの基本単位であるグループ形成は、次のようなプロセスでなされる場合が多い。

図表 3-1　借り手のビジネス（仕事）

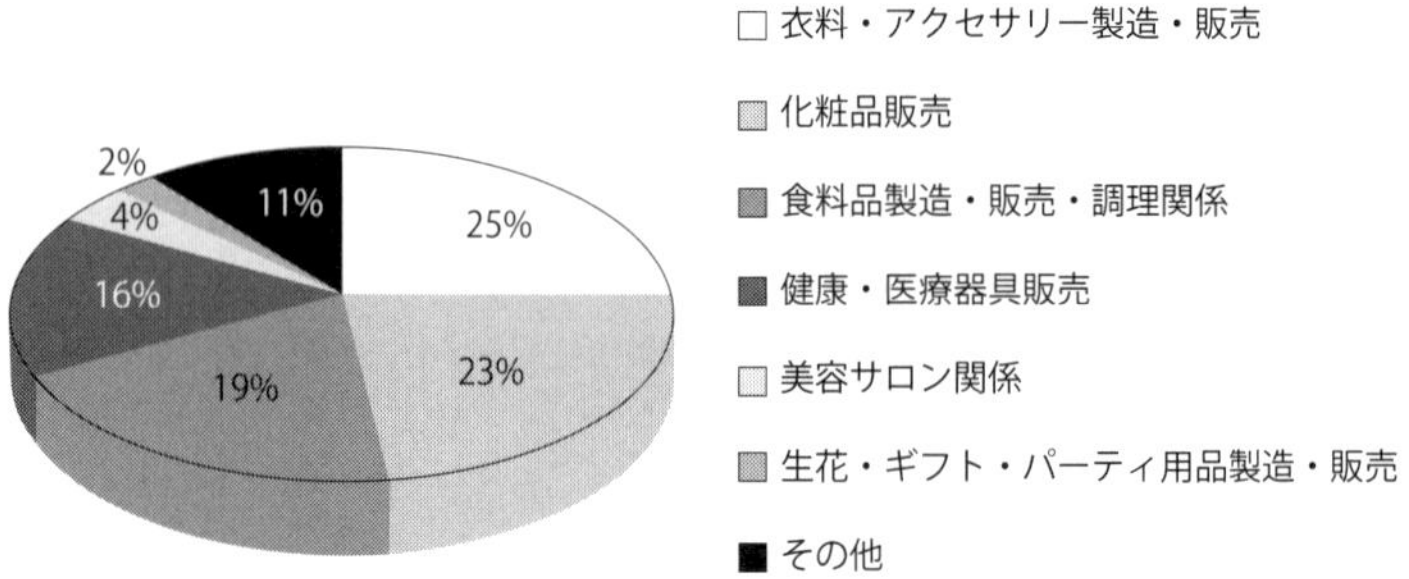

・グラミン・アメリカのことを知って融資を受けることに興味を持った人が友達や知人に参加を呼びかける。これは特に新しいセンターを作る場合によく見られる。

・同一センター内の違うグループのメンバーが友達や知人をメンバーに勧誘する。センターは少なくとも三つのグループから構成される必要があるのでセンターの最初のグループは三グループを作るためにメンバーを集めるよう奨励される。

・融資 - 返済の一サイクルを終え、あるメンバーがプログラムを継続しないような時に、新しいメンバーがグループに参加する。グループやセンターのメンバーの友達や知人がグループに新たに加わることができるが、新メンバーは既存のメンバー全員に承認される必要がある。

2. 借り手の女性たちのビジネス

借り手の女性たちがグラミン・アメリカからローンを借り

グラミン・アメリカのメンバーたち
（出所）グラミン・アメリカ

て、新たに始めたり維持・拡大したりするビジネス（仕事）は、グラミン・アメリカのサンプル調査によれば、図表3-1のとおり、衣料・アクセサリー製造・販売二三％、化粧品販売二五％、食料品の製造・販売・調理関係一九％、健康・医療器具販売一六％、美容サロン関係四％、生花・ギフト・パーティ用品製造・販売二％などである。

サンプル調査によれば、借り手の女性たちの四分の三はグラミン・アメリカからローンを借りる前に何らかの仕事をしており、残り四分の一が新しく起業している。そして、約四割がグラミン・アメリカからローンを借りて始めたり維持・拡大した仕事以外の仕事にも従事しており、一人で二つ以上の仕事をしている。

借り手の女性たちの中には、グラミン・アメリカから事業資金を借りて自己雇用の仕事を始めたり維持・拡大して収入を得る以外に調理、清掃、子守りなど他人に雇われる仕事（被雇用）をして収入を得ているケースも多く見られる。

また、彼女たちはバングラデッシュのグラミン銀行の借り手の女性たちとは違って、以前、銀行など通常の金融機関と取引した経験を持つ者も多い。グラミン・アメリカは、固定の低金利、毎週の貯蓄、信用履歴の構築、ソーシャル・ネットワークの形成などの理由で選ばれており、グラミン・アメリカを契機に他の金融機関と取引を始めることにつながるケースも多い。

それでは次に、これら借り手の女性たちは実際にどのようにして五人組のグループを作り、借りたお金でどのような仕事をしてローンを返済しているのか、実際の借り手の女性たちのストーリーを見てみよう。彼女たちの実際の生活やグラミン・アメリカに対する考え方などが分かり、グラミン・アメリカを違った角度から見ることができるだろう。

II―借り手の女性たちのストーリー

二〇一三年七月からグラミン・アメリカの活動に関与させてもらいながら、グラミン・アメリカの支店の現場などで借り手の女性たちにインタビューをして話を聞かせてもらうことができた。また、グラミン・アメリカも借り手の女性たちのフォローアップや今後の展開などのために実態調査をしている。これらをもとに、グラミン・アメリカの借り手の女性たちのストーリーを紹介することとしたい。

以下、借り手の女性たちの理解や考えに基づくストーリーをそのまま記載しているので、グラミン・アメリカの実際のルールや運用とは必ずしも合致しているわけではないが、借り手の女性たちの実際の考え方や想いを理解するのに役立つだろう。なお、インタビューした女性たちのプライバシー、時間の制約、本人の意向などで個々のストーリーに精粗があることをお赦しいただきたい。

1．ソフィア（仮名。以下同様）

（プロフィール）四〇歳代の女性。高校卒。二人の小学生と成人した息子（独立し別居）を持つシングルマザー。

卵巣の手術のため、六カ月間失業して社会福祉給付を受けたことがある。手術後、減量のために栄養食品を飲み始めたが、それがきっかけで近所の栄養食品販売のクラブに加入し、そこでグラミン・アメリカのことを聞いた。

グラミン・アメリカからローンを借りる前は、いくつかの仕事をかけもちしていた。二〇〇八年以来、一日六時間、週五日、学校給食の給仕をしていたが、菓子づくりのアルバイトもしていた。また、時々、近所の子どもたちを遊園地に連れて行くアルバイトもしていた。手術後、これらの仕事はやめた。年収は一五、〇〇〇ドル（一五〇万円）程度だが、一定していない。

（メンバーの生活・仕事・感想・夢）栄養食品販売のクラブで他の四人のメンバーと一緒にグループを作った。

一年前にグラミン・アメリカから初めて八〇〇ドル（八万円）を借りて栄養食品の仕入れ・販売の仕事を始めた。週二時間、仕事に従事している。一回目のローン完済後二回目のローンを借りて商品を買い増した。グラミン・アメリカのローンは少額でも金利が低くて固定しているので気に入っている。かつて医療費がかさみ、その関係でクレジットカードのローンが膨らんで銀行口座を凍結されてしまった。そのため銀行からはお金を貸してもらえない。その意味でもグラミン・アメリカは自分の信用履歴を作ることができるので有難い。貯金が増えていくのを実感できるのも嬉しい。三回目のローンも借りるつもり。

グループの他のメンバーとは前向きな関係を築くことができている。グループ仲間とのおしゃべりや意見交換は不安や悩み事を乗り越えるのに大きな助けになっている。グループの仲間と一緒にいると楽しいし、一緒に本を読んだりもする。

他方、グループの維持が難しい時期もあった。ある時、メンバーの一人がセンター・ミーティングに出てこなかったので、グループの他のメンバーが彼女に代わってその週の返済額を立て替えたことがある。もし次の週も彼女がセンター・ミーティングに出てこなかったら、センター長と相談して対策を取ろうと思っていたが、幸い彼女は次の週に出てきてくれたので問題は解決した。しかし、詳細は知らないが、その後、彼女は事情があってグラミン・アメリカを辞めた。ただ、これまでグループやセンターの誰かがローンを返済しないのを見たことはない。

将来、栄養食品の店舗を持つことが夢。今はそれに向かって頑張っているので、毎日が楽しい。

2. オリビア

（プロフィール）四〇歳代の女性。中学校卒。二人の娘がいるシングルマザー。やはり二人の子どものいる女性とアパートをシェア。

以前は美容サロンで働いていたが、二年前に自己資金の六〇〇ドル（六万円）を投資してネイリストに必要な用具を買って開業した。自宅や顧客の家でネイリストとして仕事をしている。週四〜五日働く。毎週の売上げは四五〇〜五五〇ドル（四・五〜五・五万円）、設備や用具などに約二五〇ドル（二・五万円）支出するので、利益は二〇〇〜三〇〇ドル（二〜三万円）。こうした収入はいざという時のために貯金している。仕事は季節性があり夏は繁盛するが、冬は客が少ない。ネイリストの仕事は客とのコミュニケーションができるので気に入っている。

ネイリストの資格以外にも理容と裁縫を習ったことがある。実は、裁縫の方が好きなのだが、実入りが少ないので諦めた。ネイリストとして働くほか、時間がある時には家政婦として知り合いの家の掃除などもする。年収は一四、〇〇〇ドル（一四〇万円）程度。

（メンバーの生活・仕事・感想・夢）友達から何度か誘われてグラミン・アメリカに行ってみた。グラミン・アメリカは低所得者にとってとても支えになる存在だと思った。かつて同じネイルサロンで働いていたグループ・メンバーを知っていたので、既存のグループのメンバーに加えてもらった。

ネイルサロン用の器械を購入してパフォーマンスを向上させれば、客が増えると思い、二〇一一年にグラミン・アメリカから最初のローンを借りて事業資金にした。これまで返済で問題があったことはない。グラミン・アメリカ以外のローンは金利が非常に高いので近づかないようにしている。

センター・ミーティングは毎週九時ちょうどに始まり、一五～二〇分で終わる。メンバーは時間を厳守するように言われている。センターやグループのメンバーもみんな忙しい人たちなので、時間を守ることはとても大事だと思う。

グループのメンバーと一緒にいると、家族と一緒にいるように感じる。グループのメンバーとは何でも話し合い、メンバーのことは信頼している。センター・ミーティングではメンバーと意見交換ができ、客を増やすことにも役立つ。自分のビジネスのためにもよい機会だと思う。もしグループのメンバーの誰かが毎週の返済ができない時には、グループの残りのメンバーが返済に責任を持つべきだと思う。

自分が経営者になれば自分の都合に合わせてスケジュールを組めるので、将来、自前のネイルサロンを持ちたい。

グラミン・アメリカのメンバーになったことは自分の人生に大きな影響があったと思う。一つはビジネスが拡大できたこと、もう一つは毎日収入と支出を記録する習慣が身に付いたことだ。

3. グレース

（プロフィール）五〇歳代の女性。大学中退。夫と成人した四人の子どもと一緒に暮らしている。グラミン・アメリカからローンを借りる前は台所用品販売の仕事をしていた。友達、知人、以前の顧客の紹介で客の家を訪問し、デモンストレーションをしながら台所用品を販売する。毎週の収入は〇～一、〇〇〇ドル（一〇万円）で不安定だった。グラミン・アメリカのメンバーになる以前に銀行などの金融機関や頼母子講（ROSCA: Rotating Savings and Credit Association：回転型貯蓄信用講。定期的に一定の掛金を払い込み、抽籤または入札などによって加入者に毎回一定の金額を給付し、償還を受ける。全掛金が全加入者に給付されて満期となる無尽の仕組み）からお金を借りたこともある。

（メンバーの生活・仕事・感想・夢）グラミン・アメリカは友達の紹介で知った。メンバーを集めグループを組織して自分がグループ代表になった。ローンで台所用品の商品を仕入れている。グラミン・アメリカのよいところは低金利、小口の返済、毎週の貯金だと思う。グラミン・アメリカのメンバーになる前はクレジットカードでローンを借りて商品を仕入れていたが、高金利だった。

センター・ミーティングではグループのメンバーと親しくなり、ビジネス上の情報を交換している。グループ代表として他のメンバーがセンター・ミーティングに出席するよう促したり、グループの誰かが返済できないと立て替える時もある。センター・ミーティングはいい経験だと前向きに捉えている。これまでローンの返済、センター・ミーティングへの出席や毎週の貯金で困ったことはない。

4. アンナ

〈プロフィール〉四〇歳代の女性。小学校卒。一〇代の娘がいるシングルマザー。衣料工場で週六五時間、八〇〇ドル（八万円）で働いていた。一〇年前から、前の夫のクレジットカードで六〇〇ドル（六万円）を借りて副業の化粧品販売を始めた。工場がつぶれたので化粧品販売に特化することにした。週四〇時間働き、月一、五〇〇ドル（一五万円）の利益がある。年収は一八、〇〇〇ドル（一八〇万円）程度。

〈メンバーの生活・仕事・感想・夢〉友達から口コミでグラミン・アメリカのことを聞いた。これまで、二つのグループに加わった。最初のグループはあまりよく知らない女性たちとのグループで、最初のローンは二〇一〇年夏だった。二回目のローンを借りたが、他のメンバーと問題が起こり（詳しくは語ってくれず）、三回目のローンは借りなかった。しばらくしてからグラミン・アメリカに復帰し、今度は自分がよく知っている人たちとグループを作った。グラミン・アメリカからは主に化粧品の仕入れを増やすためにローンを借りている。事前研修でローンをどう使えばよいか、メンバーとしての責任は何か、グラミン・アメリカのプログラムはどのようなものかなどを学んだ。

以前、銀行に融資を申し込んだことがあったが、信用履歴がないことを理由に断られた。グラミン・アメリカのメンバーになる時に開設した普通預金口座以外に銀行口座は持っていない。残高が少ないと当座預金口座は手数料がかかるので持ちたいとは思わなかった。クレジットカードは、信用履歴がないのでそもそも選択肢にはなかった。グラミン・アメリカのよいところはとてもフレキシブルなところだ。毎週センター・ミーティングに出席すること、毎週返済や貯金をすること、グループ代表としてグループの他のメンバーがセンター・ミーティングに参加するよう促すことなどは何の問題もない。

5. イザベラ

（プロフィール）三〇歳代の女性。高校卒。一人息子のいるシングルマザー。

（メンバーの生活・仕事・感想・夢）二〇〇八年にグラミン・アメリカのメンバーになり、ヘアサロンで自分の顧客専用の椅子を借りるため、最初、一、五〇〇ドル（一五万円）を借りた（アメリカでは、美容師がヘアサロンから自分の顧客専用の椅子を借りて理美容サービスを提供するビジネス習慣がある）。地元の銀行で手数料なし、残高下限制限のない普通預金口座を開設した。毎週のセンター・ミーティングではメンバーやセンター長とビジネスについて情報交換をしたり意見交換をして役に立っている。グループ代表としてローンを続け、最近、四回目のローンとして二、五〇〇ドル（二五万円）の融資を受けた。グラミン・アメリカの自分の生活へのインパクトとしては、最初一、五〇〇ドル（一五万円）を借りた時の家計収入は月一、五〇〇ドル（一五万円）であったが、四回目のローンを借りた時には家計収入が月二、四〇〇ドル（二四万円）にまで増えていた。また、当初、ゼロだったクレジット・スコアは七〇五点まで改善した。貯金もゼロだったが、今では自分名義の普通預金口座に五三六ドル（五三、六〇〇円）の貯金がある。夢は自分のヘアサロンを持ってフルタイムの従業員を雇うこと。そして、子どもを大学に行かせられるよう学費を貯金できれば素晴らしいと思っている。

6. リリアン

（プロフィール）二〇歳代の女性。小学校卒。二人の娘のいるシングルマザー。アパートの一室を他の三世帯とシェア。清涼飲料水の販売と化粧品の販売の二つの仕事をしている。小さな子どもたちがいるので働きに出ることは難しいため、働く時間をフレキシブルに調整できる自己雇用の仕事を選んだ。それにはグラミン・アメリカのシステムがピッタリ合っていた。メンバーになる前は、週六日、毎日一一時間、花屋でフラワーアレンジメントの仕事をして働いていた。化粧品販売の仕事は毎日休みなく働いて、金曜日から日曜日の週末は公園で清涼飲料水の販売をしている。

公園内での販売免許を取らなかったため、五〇〇ドル（五万円）の罰金を支払わされたことがある。

毎週の売上げは、化粧品販売から三〇〇ドル（三万円）、清涼飲料水販売から二〇〇ドル（二万円）の計五〇〇ドル（五万円）で月二、〇〇〇ドル（二〇万円）。一方、支出は毎月一、五〇〇ドル（一五万円）になるので、利益は月五〇〇ドル（五万円）。家賃・ガス代等生活費に充て、残りはできるだけ貯金するようにしている。

（メンバーの生活・仕事・感想・夢）二〇一〇年からグラミン・アメリカのローンを借りて、化粧クリーム等の化粧品や清涼飲料水を仕入れている。二〇一一年にグラミン・アメリカから二回目と三回目の借入れをした。商品仕入れのほか、公園での無免許販売の罰金に充てた。

他の金融機関に比べてグラミン・アメリカは手続きの簡単なところが気に入っている。いずれ自分の店を持つまでは、ビジネスを拡大するのに必要な資金をグラミン・アメリカから借りるつもり。グラミン・アメリカのメンバーになって金銭的に大いに助かった。しかし、いくつか不満もある。

・二回目のローンを申し込んだが、借りるまで時間がかかる。

・自分のアパートがセンター・ミーティングに使われている。最初は一〜二カ月のことだと思っていたが、二年間もセンター・ミーティングの場所に使われている。

・グループの他のメンバーとの関係はあまりよくない。他のメンバーはあまり助けてくれない。自分からものを買ってもくれない。できれば別のグループに移りたいと考えている。

今までセンターやグループのメンバーがローンを返済しなかったことはない。もし債務不履行が起これば、それはそのメンバーをグループに連れてきた人の責任で、グループ全体の責任ではないと思う。

7．エマ

（プロフィール）四〇歳代の女性。高校及び職業訓練校卒。コンピューター・プログラムと栄養学を専攻。夫と成人した三人の子ども及び一三歳の子どもと一緒に暮らしている。住宅ローンを返済中。一三年間健康栄養関係の仕事に従事。自然食品販売の仕事を始めた時は失業中だった。収入はオフィスの家賃、商品の仕入れ、住宅ローンの支払いに充てている。月収は三、〇〇〇ドル（三〇万円）になることもあるが、季節性があり夏期は閑散としている。

（メンバーの生活・仕事・感想・夢）二〇一一年にグラミン・アメリカから一回目のローンを借入れ、自然食品の仕入れに充てた。グラミン・アメリカのローンは最初少額だが、きちんと返済すれば融資額が増えると信じている。毎週の返済に問題はなく、二回目以降も融資を受ける予定。かつてクレジットカードも持っていたが、高金利で返済に問題が起きたのでやめた。今ではグラミン・アメリカだけを利用している。貯蓄プログラムも気に入っている。

グループの仲間を信じており、毎週のセンター・ミーティングでスナックや飲み物をシェアしておしゃべりできることが楽しみだ。グループで嫌な思いをしたことはない。誰も望んでいることではないが、もしグループの誰かが夜逃げをしたら、残りのメンバーが連帯責任で返済しようと思っている。

8. アディソン

（プロフィール）三〇歳代の女性。高校卒。二人の子どもと母親と一緒に暮らしている。毎月の所得は一、三〇〇ドル（一三万円）。六〇〇ドル（六万円）を投資して衣料販売と栄養食品販売の仕事を始めた。季節変動性が大きい。以前、時給七・二五ドル（七二五円）の工場で働いていたが、工場で働くより自分で仕事をした方が時間を自由に使えてよいと思った。

（メンバーの生活・仕事・感想・夢）グラミン・アメリカからは最初一、三〇〇ドル（一三万円）

のローンを借りて、衣料と栄養食品の仕入れに使った。グラミン・アメリカのメンバー間のネットワークは商品の仕入れと販売ネットワークの面でとても役立つ。借入額は十分だと感じている。借りようと思えば銀行からも借りられたが、低金利と手続きの簡便さでグラミン・アメリカから借りることにした。クレジットカードは持ちたいとも思わない。

グラミン・アメリカでは友達のグループに加わった。グループの他のメンバーは以前からの顧客で面識はあったが、あまりよく知っていたわけではない。今ではすっかり仲のよい友達になった。

グラミン・アメリカのメンバー（シングルマザー）（出所）グラミン・アメリカ

9. ナタリー

（プロフィール）三〇歳代の女性。高校及び職業訓練校卒。自然療法士の資格を取得。自然健康食品販売及びネイリスト。以前、トルティヤ（トウモロコシ原料の薄焼きパン）工場で八年間働いていたが、一日一二〜一五時間労働で時給七・五〇ドル（七五〇円）はきつかった。その仕事をやめてブレスレットを売ろうとしたが、うまくいかなかった。自然健康食品の商品を仕入れるために自己資金で五〇〇ドル（五万円）を投資し自然健康食品の販売を始めた。週に二〜

三日従事。月当たり約一〇〇ドル（一万円）を投資し、二〇〇ドル（二万円）の収入を得て、一〇〇ドル（一万円）を再投資。不定期で安定した収入源ではないが、一回当たり二〇ドル（二、〇〇〇円）で自然健康食品のコンサルタントもしている。自宅や訪問販売をしていたが、客を見つけるのは難しい。小売りのスペースがほしいと思っている。

（メンバーの生活・仕事・感想・夢）クレジットカードをほしかったが、高金利を課されるリスクは取りたくなかったのでやめた。借金をしたことはなく、信用履歴を持っていなかった。友達から口コミでグラミン・アメリカのことを聞いた。グラミン・アメリカの融資は、少額ずつ返済していけばよいので自分にも返済できると思った。

一回目は一、五〇〇ドル（一五万円）を借りた。一部を自然健康食品の仕入れに使い、残りはコンサルタント業務に必要なものを買った。グラミン・アメリカでは既存のグループに加わったが、大部分のメンバーとは自然健康食品の客あるいは友達として二〜一〇年来の知り合いである。センター・ミーティングには毎週出ている。

メンバーの誰かが返済できない時には、グループの他の四人が立て替えて返済している。後でそのメンバーから返してもらっている。グループのメンバーはお互いによく知っているので、返済しなかったメンバーがどこにいるかよく知っている。

グラミン・アメリカは差別されている女性たちのためになることをしているので気に入っている。

10・テレサ

（プロフィール）五〇歳代の女性。中学校卒。マッサージ師の資格あり。八歳の娘と一緒に暮らしている。クリーニング店で働いていたが、週一二五ドル（一二、五〇〇円）の収入では苦しかったので、自分の貯金五〇〇ドル（五万円）でアクセサリーや自然薬品を販売する仕事を始めた。当初はチャイナタウンで仕入れていたが、友達のツテでメキシコからも仕入れるようにした。週一六時間働いて、季節変動はあるものの収入は週五〇〇ドル（五万円）になる。収入の半分以上は生活費、残りをビジネスに投資する。

（メンバーの生活・仕事・感想・夢）友達の口コミでグラミン・アメリカのことを知った。金利が低いということでグラミン・アメリカのメンバーになることを勧められ、友達のグループに加わった。グラミン・アメリカを知ってからメンバーになるまで二カ月かかった。過去数年間知っている人が同じグループのメンバーだった。グラミン・アメリカからは一回目のローンとして一、五〇〇ドル（一五万円）を借り、そのお金でアクセサリーと自然薬品を仕入れた。毎週の返済に特段の問題はない。

銀行は信用できない。普通預金口座を開設するのは新たな経験で、グラミン・アメリカには感謝している。

グラミン・アメリカのメンバーになったことで、以前から知っていた人ともさらに親しくなった。グラミン・アメリカのローンのおかげで品揃えが豊富になり顧客も増えた。

11．サラ

（プロフィール）二〇歳代の女性。高校中退。内縁の夫と一人娘の三人暮らし。レストランで一日八時間、週五日働き、収入は週に五五〇ドル（五五、〇〇〇円）。副業として化粧品や栄養食品の販売をして、レストランでの給料を補っている。週に二〇〇〜二五〇ドル（二〜二・五万円）の化粧品と栄養食品の売上げがあり、家計全体では週一、五〇〇ドル（一五万円）の収入がある。現在の仕事をして気に入っているのは、収入が増えた分、子どもたちの面倒を見られることとポケットマネーが得られること。

（メンバーの生活・仕事・感想・夢）化粧品販売の仕事を紹介された友達からグラミン・アメリカのことを教えてもらった。低金利と毎週の一回当たりの返済額が小さいこと、提出書類等の手続きが簡略であることなどが気に入ってグラミン・アメリカのメンバーになった。借りたローンで現在の仕事を拡大できるよう商品を仕入れた。毎週の返済に特に問題はないが、過去何回か返済に困った時があった。その時には、あまり所得がなく仕事から得た利益を区分することなく使ってしまっていた。

最初、グラミン・アメリカでは既存のグループのメンバーに加えてもらったが、これは今では五つのグループからなるセンターの最初のグループだった。友達をグラミン・アメリカに誘ってセンターのメンバーを増やした。自宅をセンター・ミーティングに提供している。センターが大きくなってメンバーが増えるにしたがって、自宅でセンター・ミーティングを開くのは難しくなってきたので、他の人の家でやってもらいたいと思っている。

12．エミリィ

（プロフィール）四〇歳代の女性。経営学学士。銀行勤務の経験あり。失職した夫、二人の子ども、二人の親類と一緒に暮らしている。月二、〇〇〇ドル（二〇万円）の所得。グラミン・アメリカのことを知った時にはレストランで働いていた。化粧品販売でより高い所得が得られると気付いてレストランをやめた。グラミン・アメリカからローンを借りて化粧品販売を始め、最近は栄養食品の販売も始めた。

（メンバーの生活・仕事・感想・夢）グラミン・アメリカから最初一、五〇〇ドル（一五万円）を借りて、自分の貯金と併せて二、〇〇〇ドル（二〇万円）で化粧品を仕入れた。化粧品の行商を行い、週に約四時間働いた。現在、四回目のローンで二、五〇〇ドル（二五万円）を借りている。ローンは全額商品の仕入れに使った。毎週の返済に問題はない。クレジットカードは持っていないが、持ちたいとは思わない。頼母子講（ＲＯＳＣＡ）にも加入している。

グラミン・アメリカでは友達が作ったグループのメンバーに加わった。ローンを借りて収入を増やすことができるようになったが、ビジネス上の知識やノウハウはグラミン・アメリカからは得ていない。今後もグラミン・アメリカからローンを借りようと思っている。夢は自分たちのレストランを持つこと。

13．アシュレイ

（プロフィール）二〇歳代の女性。アルミ浮き彫り細工職人。結婚して、最近、男の子を出産。

アルミ浮き彫り細工が好きで、技能を身につけるため学校に通った。仕事はアルミの薄板に作画して作品を製作すること。

（メンバーの生活・仕事・感想・夢）最初にグラミン・アメリカのことを聞いた時、とても興味を持った。アルミ浮き彫り細工の精巧なデザインを創るため備品を買ってビジネスを拡大したいと思った。これまで、自分の作品を友達や地元のレストランなどに買ってもらっている。将来の夢は、いつか家族みんなでレストランを経営すること。

14．オーブリー

（プロフィール）四〇歳代の女性。中学校卒。マッサージ師の資格を取得。夫と八歳の娘と一緒に暮らしている。二ベッドルームの自宅でマッサージ師をしている。以前スパで働いていたが、独立した。研修を受ければマッサージ師の資格を得られることを知り、台所用品販売、子守り、家政婦などをしながら研修費用を稼いで貯金した。

一日六時間、週三日マッサージ師の仕事をしている。家計の所得は月一、五〇〇ドル（一五万円）であるが、月ごとの変動が大きい。時々、家政婦の仕事をして補っている。信用履歴がないので、クレジットカードは持っていない。

（メンバーの生活・仕事・感想・夢）友達からの口コミでグラミン・アメリカのことを知った。過去八年間知り合いの女性たちとグループを作った。既存のセンターに加わろうとしたが、自分の友達がメンバーになることを他のメンバーが認めてくれなかったので実現しなかった。センター長と相談し、自分のセンターを作ることにした。グラミン・アメリカを知ってから一年かかったが、ようやく最初のローンを借りることができた。ローンでマッサージ用の設備を購入した。グラミン・アメリカのローンの金額は十分でないが、さらに借金はしない方がよいと思っている。グループのメンバーとはセンター・ミーティングで毎週会って、おしゃべりをしたり意見交換をして友情を深められるので気に入っている。毎週貯金するのも習慣になってよいプログラムだと思う。

二〇〇八年、ニューヨーク市クィーンズ区ジャクソン・ハイツに第一号支店を開設したグラミン・アメリカが、最初の借り手の女性たちとどのようにコンタクトをとり、彼女たちがどのようにグラミン・アメリカのメンバーになっていったか、その経緯は "To Catch a Dollar: Muhammad Yunus Banks On America" (DVD by Gayle Ferraro. 2013. Aerial Productions. 一部は http://www.tocatchadollar.com/ [accessed March 18, 2014] で見られる）に詳しい。興味のある読者には、是非、ご覧になることをお勧めしたい。グラミン・アメリカの立ち上げ期の苦労が活写されている。

注

（1）Yunus (1997).

第四章　グラミン銀行とグラミン・アメリカ

グラミン・アメリカはバングラデッシュのグラミン銀行のビジネスモデルをアメリカに応用するために、どこをどのように変更・修正したのかを見るために、まず、グラミン銀行の仕組みを振り返っておこう。

I—グラミン銀行の仕組み

グラミン銀行は、一九八三年、バングラデッシュのチッタゴン大学で経済学部長を務めるムハマド・ユヌス博士により設立された。その基本的な構想は、一九七六年にユヌス博士がバングラデッシュのジョブラ村で、竹の腰掛けを作る女性など四二世帯に二七ドルをポケットマネーから貸したことに始まる。それ以来、二〇一一年までに、グラミン銀行は八三五万人の貧困層（うち、女性が九七％）に一一二・五億ドル（一兆一、三五〇億円）の融資をし、融資残高は九・七億ドル（九七〇億円）に上る。(1) バングラデッシュの八万超の村々に二、五六五の支店網を持ち、職員数は約二二、〇〇〇人に上る。

なお、グラミン銀行のグラミン（Grameen）とは、バングラデッシュ語で「村」（village または rural）という意味である。

1．資　本

現在の融資原資は借り手による出資と政府出資である。グラミン銀行は、一九八〇年代～一九九〇年代初めには約一・五億ドル（約一五〇億円）を国連農業開発基金（ＩＦＡＤ）やノルウェー、スウェーデン、オランダなどから援助資金（融資や贈与）として受けていたが、一九九五年以降は外部に援助資金を求めず、融資原資はすべて預金（預金金利は八・五～一二％）で賄っている。預金の五六％は借り手からのもので、預金残高は融資残高の約一・五倍に上る。預金と自己資本で融資原資をすべて賄っており融資原資にローン、グラントの外部資金は入っていない。

グラミン銀行全株式の九五％は借り手が所有し、バングラデシュ政府が残り五％を所有している（二〇一一年現在）。

2. 融資

(1) 融資対象

融資先は担保を持たない貧困層である。通常の銀行が融資の対象としない人々を優先することを原則として、人口の下層二五%をターゲットにしている。特に最も貧しい女性に焦点を当てており、借り手の九七%が女性である。ユヌス博士によれば、男性ではなく女性にお金を貸す理由は次のとおりである。

バングラデッシュ・ダッカのグラミン銀行本部（2008年3月20日撮影）

バングラデシュでは家父長制の下で女性の地位が極めて低く女性に対する性差別が存在する。貧困に苦しんでいるのは男性より女性であり、だからこそ女性の方が「ビジョンを持ってより遠くを見つめ、貧困から抜け出そうと自ら進んで一生懸命働く[2]」。そして、女性は男性よりも子どもたちが今よりももっといい生活ができるようにと心を砕いている。男性にお金を渡すと、まず自分のことを真っ先に考えて家族を顧みずに酒、タバコ、博打に使ってしまうが、貧しい母親にお金を渡すと、彼女たちは例外なく子どもたちのことを真っ先に考え、次に家庭のことを優先する。女性を通じて家計を豊かにする方が男性を通じるよりも家族の利益という点ではずっと効果的と考えられたからである。

(2) 借り手との関係

融資と併せて生活や事業について助言や技術支援・指導などのサポートを行い、借り手との信頼関係が作られる。センター長はその地域や借り手の生活・人柄などをよく知っており、毎週、センター・ミーティングで借り手と接触する。

(3) 融資規模

事業資金ローンに上限は定められていないが、平均融資額は三九〇ドル（三九、〇〇〇円）、これまでの最大融資額は二三、二〇〇ドル（二三二万円）である。三五九万人もの人が事業資金ローンを借りて、トラック、灌漑用ポンプ、耕耘機などの購入資金に充てている。

一九八四年に導入した住宅ローンは、融資期間五年、融資金利八％、上限融資額三五四ドル（三五、四〇〇円）で毎週返済のローンで、平均融資額は一八一・五〇ドル（一八、一五〇円）である。これまでの融資総額は二億一、一二〇万ドル（二一一億円）で、六九万戸の住宅が建設された。

また、高等教育を受ける学生用の教育ローンは二〇一一年一一月現在、約五万人に融資されている。

二〇〇二年からは物乞い者ローン（Struggling Members（Beggars）Program）を始めた。一一万人超の物乞い者に一億三、〇〇〇万タカ（一・七億円。二〇一三年一一月の平均為替レート一タカ＝約一・三円で換算）のローンが融資され、その八〇％が返済された。約二万人の物乞い者は依然物乞いを続けたり、戸別訪問による行商をしているが、そのうち一万人はグラミン銀行の通常の借り手になっている。金利は取らず、返済額を低く抑えて長期のローンにしている。たとえば、毛布、蚊帳、傘などを買うためのローンに毎週三・四セント（三・四円）の返済をしている。

(4) 融資形態

五人一組のグループ・レンディング。五人一組のグループを作るのはバングラデッシュでも簡単ではないが、このプロセスを通じて「本当に必死で頑張れる人だけを（借り手として）選別することができる」[3]。最初の二人が融資を受け、一カ月後に次の二人が、そしてその一カ月後に最後の一人が融資を受けられる方式（二：二：一方式）であったが、二〇〇二年のGrameen IIでは、メンバー五人がそろって融資を受けられるようになった。

このGrameen IIは一九九八年の洪水でローン返済が滞ったため、従来のプログラム（Grameen I）を見直して改定された方式である。返済が滞ると「フレキシブル・ローン」と呼ばれるリスケジュールされたローン・プログラムに移行し、緩和された条件で返済を継続する。

(5) 融資金利

融資金利は、事業資金ローン二〇%(単利。実質金利は一〇%強)、住宅ローン八%、教育ローン五%、物乞い者ローン〇%。

(6) 審　査

収入を生み出す活動や事業を開始・維持・拡大できるかどうか、返済能力があるかどうかなど借り手の人物及び事業が五人組のグループを通して審査される。現在の収入・資産の有無ではなく、将来の返済能力が重視される。

また、融資計画段階からグラミン銀行のスタッフが借り手のところへ足を運んで直接接触する。この段階から借り手との関係を密接にして信頼関係を構築する。これは借り手にとって利便であるのみならず、貸し手にとっては借り手の家庭環境や事業の進捗状況などについて包括的な情報を得られることになる。

(7) 担　保

無担保・無保証。連帯責任制によって返済の確実性を高めている。グラミン銀行は「五人一組の連帯保証制」と誤解されることが多いが、返済義務は借りた本人にあるだけで、グループの他のメンバーにはない。

3. 返　済

(1) 債権管理

グラミン銀行では借り手を法的に契約で縛ることはせず、訴訟や警察力には訴えない。「信用を礎にして、その上に人々との結びつきを築き上げている。グラミンが成功するか失敗するかは、グラミン銀行と借り手との信頼関係がどれくらい強いかにかかっている。人々を信用し、その結果、その信用がグラミン銀行にきちんとした形で返されてくる[4]」。

また、返済ができないようなことがあっても、毎週のセンター・ミーティングを通してモニタリングが行われ、「借り手が失踪したり、手のほどこしようもないほど悪い経済状態に陥ってしまうまで、長い時間放置しておくことはない[5]」。

(2) 返済期間

返済期間は短期（一年以内）で、毎週返済。返済はローンを借りた一週間後から開始する（据置期間は一週間）。返済額は一週間に二％、五〇週間で返済する仕組みである。

二〇〇二年から導入されたGrameen IIでは、返済期間は三カ月、六カ月、九カ月、一年など柔軟に設定できるようになった。ただし、一回目の融資の返済期間は一年間である。返済計画はあらかじめ決めておく必要があるが、事業が順調な時には元金の返済額を増やせ、所得が少ない時には減らせるなど返済額が毎週違ってもよいことになった。二回目の融資からは、返済期間を一年から三年に変更しても構わない。フレキシブル・ローンでは、最初の六カ月後、返済額の二倍まで融資を受けられ、その後六カ月毎に返済額と同額の融資を受けられる。

(3) 返済率

返済率は九七％（貸倒率は三％）（二〇一一年）と極めて高い。

4. その他金融サービス

融資以外にも、貯蓄、保険、年金などの金融サービスを提供。

II—バングラデッシュとアメリカの社会経済状況の相違点と共通点

グラミン銀行とグラミン・アメリカを比較するに当たって、次に、両国の社会経済状況を貧困、金融制度、社会保障制度、コミュニティ、起業環境、物価水準に焦点を当てて考えてみよう。

1. 貧困の状況

バングラデッシュは、グラミン銀行が設立された一九八三年当時、人口八、九四〇万人、GDP一七二億ドル、一人当たりGDP一九二ドルのアジア最貧国の一つで、貧困が極めて深刻な国であった[6]。約三〇年後の二〇一二年には、人口一億五、四七〇万人、GDP一、一六四億ドル、一人当たりGDP七五二ドルにまで発展している。また、グラミン銀行が設立された頃、一日一・二五ドル未満で生活する人の割合は国民の九〇%であった（一九八四年）が、二〇一〇年には各々四三%、七七%にまで顕著に減少しているものの、依然、貧困との闘いが続いている。

他方、アメリカは、グラミン・アメリカが設立された二〇〇八年当時、人口三億四〇九万人、GDPは一四兆七、二〇三億ドルと世界第一位の経済規模を持ち、一人当たりのGDPも四八、四〇七ドルと高い水準にある先進国であった[7]。二〇一二年には、人口三億一、三九一万人、GDPは一六兆二、四四六億ドルと依然世界第一位の経済規模であり、一人当たりのGDPも平均では五一、七四九ドルと高い反面、近年、貧困・格差が見過ごせない社会問題になっている。第一章で見たように、二〇一二年現在、アメリカでは国民の約七人に一人が貧困ライン以下で生活する貧困層である。その数は四、六五〇万人、貧困率は一五・〇%に上り、貧困人口は政府が一九五八年に統計を取り始めて以来、最高水準に達している。そのうち、半数以上の五六%が女性であり、その多くが一家の家計を支えている。また、アフリカ系、ヒスパニック系アメリカ人の四人に一人以上が貧困層である。OECDによれば、相対的貧困率は一七・四%（二〇一〇年）と、主要先進国中最も高い（日本はG7の中でそれに次ぐ一六・〇%（二〇〇九年））。資産格差も顕著になり、上位一%に富が集中し、中流層が縮小している。

このように、貧困の広がりと程度においてバングラデッシュはアメリカをはるかに凌駕しているものの、両国ともに貧困が深刻化し貧困対策が必要とされる社会経済状況は共通している。

なお、移民については、バングラデッシュが移民送り出し国であるのに対し、アメリカは建国以来、多種多様な移民を受け入れており、移民人口は約四、〇〇〇万人と世界最大の移民受け入れ国である。ヒスパニック系の中心であるメキシコ出身者が一、二〇〇万人と最も多く、フィリピンやインドの出身者がこれに続く。二〇五〇年には非ヒスパニックの白人は総人口の半数を下回ると予測されている[(8)]。

また、アメリカには一、〇〇〇万人を超える不法移民が居住していると言われ、近年は中南米からの不法移民が急増している。かつては、現在と比べて出入国管理が厳格には実施されていなかったため、不法移民も多数入国していた。米国憲法の規定上、不法移民や外国人の間にできた子どもであっても、アメリカ国内で生まれた場合にはアメリカ国籍が与えられ、彼らが二一歳になると家族を呼び寄せてアメリカで合法的に居住できるようになることもあって、中南米のヒスパニック系移民の人口が増大した[(9)]。

2. 金融制度・金融機関・金融商品

バングラデッシュは「マイクロファイナンス先進国」であるが、金融制度・金融機関・金融商品の整備は全般的に遅れている。ユヌス博士によれば、バングラデッシュでは銀行で性差別が行われており、女性は、通常、たとえば一五ドル（一、五〇〇円）もの現金を実際に見ることも手にすることもなかった。特に、農村部の貧困層の女性は既存の銀行から融資を受けることなどなく、彼女らがどうしてもお金を借りなければならない時には地元の高利貸しに頼るしか方法はなかった。だから、グラミン銀行が初めて一五ドルものお金を貸してくれた時、女性は涙を流して感動し、自分を信用してくれたグラミン銀行を決して裏切るまいと心に誓うという[10]。

他方、アメリカは先進国の中で最も金融制度が整備され、銀行、営利ノンバンクなど金融機関やクレジットカードなど金融商品の多様性や数において格段に整備されている。しかし、第一章で述べたように、約三割の世帯が銀行口座を持たず、銀行の金融サービスをまったく受けられない「アンバンクト（unbanked）」（八・二％）か、不十分にしか受けられない「アンダーバンクト（underbanked）」（二〇・一％）である（二〇一一年）。しかも、アメリカの金融システムでは、信用履歴が不十分な人は通常の銀行などの金融サービスから排除されてしまうのみならず、アパートの賃貸や携帯電話の購入など日常生活でも不便を強いられることになる。その結果、ペイデイなどの高金利・高手数料の営利ノンバンクに駆り立てられることになり、高金利や高手数料の高利貸しやローンシャークによって貧困が加速されることにつながる。

また、アメリカでは基本的に金融をマーケットの働きに委ねながらも、第一章Ⅱ‐4で述べたとおり、地域に居住する低中所得者層に向けに融資を促す地域再投資法（ＣＲＡ）によって地域開発金融機関（ＣＤＦＩ）を支援するなど政策的なテコ入れがなされている。

このように、アメリカではクレジットカードやペイデイなどに加えて地域開発金融機関（ＣＤＦＩ）など金融アクセスの手段があり、グラミン・アメリカのマイクロファイナンスは代替的な金融アクセス手段として選択されたり、他の金融アクセスに加えて補足的に利用されているというケースもある。しかし、銀行などの通常の金融サービスから排除された貧困層は高利貸しに頼らざるを得ないケースが多く、高金利や高手数料の支払いを余儀なくされるのはバングラデッシュの貧困層もアメリカの貧困層も共通している。

金融制度が発達し、金融機関や金融商品が豊富に存在し、金融市場で活発に資金取引が行われていても、利益最大化の原理が支配するマーケットでは、貧困層には金利や手数料が高過ぎたり不十分な量しか金融が提供されない。アメリカでも通常の銀行や営利ノンバンクとは違った、貧困という社会経済問題の解決を目的とするマイクロファイナンスが社会から必要とされていた。

3. 社会保障制度

医療・年金・福祉などの社会保障制度については、その整備が遅れているバングラデッシュに比べ、アメリカは第一章で見たように、一定の社会保障制度が整備されている。社会保障制度のセーフティネットがなければ、さらに広範かつ深刻な貧困が広がるリスクが高まる一方、生活保護など返済義務のない渡し切りの社会福祉の給付を受けると、そこから抜け出して自分で働いて自立することを阻害されるリスクもある。

アメリカでは社会保障のセーフティネットが不十分だったり、そこから漏れる貧困層も多く、それらの人たちに対する貧困対策が必要とされている。政府による社会保障制度だけで十分な貧困対策が取られるわけではなく、慈善団体、地域開発金融機関、銀行・営利ノンバンク等民間セクターなどがそれぞれの役割を果たしているが、依然として救済の必要な貧困が存在しマイクロファイナンスが必

図表 4-1　物価水準（生活費）の比較

	バングラデッシュ	アメリカ
消費者物価	52.56	100
消費者物価（家賃を含む）	42.07	100
家賃	18.70	100
レストラン価格	37.39	100
食料品雑貨価格	50.46	100

（出所）Numbeo "Cost of Living Comparison Between Two Countries" (http://www.numbeo.com/cost-of-living/compare_countries.jsp)(accessed March 18, 2014)

要とされる社会経済状況にある。

4．コミュニティ

バングラデッシュでは依然コミュニティが強く残っており、ダッカ、チッタゴンなどの都市部でも共同体意識が残っている。他方、シャー・ネワズ・オペレーションCEOによれば、アメリカは個人主義の傾向が強く、特に都市部では共同体意識が希薄化し衰退している。ただし、第二章Vで見たように、共同体意識が薄くなった都市部でも最初のうちは見知らぬ者同士だったグラミン・アメリカのメンバーも貧困から抜け出そうとする共通の目的を持ってグループを作り、ローンを借りてセンター・ミーティングに参加しているうちにコミュニティのソーシャル・ネットワークが形成された。

5．起業のしやすさ

バングラデッシュでは他人に雇われる仕事の機会が少なく、インフォーマルな仕事が多いため、起業（自己雇用）を選択するケースが多いのに対して、アメリカでは市場が成熟し、大企業・中小企業を含めた競合相手との競争が激しく、他人に雇用される仕事の機会が多い。アメ

図表 4-2　バングラデッシュとアメリカの社会経済状況の比較

	バングラデッシュ	アメリカ
貧　困	・1 日 1 ドル未満で生活する人の割合は 61%（1983 年）、43%（2010 年）。 ・1 日 2 ドル未満で生活する人の割合は 90%（1983 年）、77%（2010 年） ・1 人当たり GDP は 192 ドル（1983 年）、752 ドル（2012 年）。	・貧困ライン以下（11,720 ドル／1 人家族）4,650 万人、貧困率 15.0%、国民の約 7 人に 1 人が貧困層。 ・相対的貧困率（OECD 発表）：17.4%（2010 年）。そのうち、56%に当たる 2,584 万人が女性で、その多くが一家の家計を支えている。 ・アフリカ系及びヒスパニック系アメリカ人の 4 人に 1 人以上が貧困層。
移　民	移民送り出し国	移民受け入れ国。 移民人口は約 4,000 万人。
金融制度・金融機関・金融商品	整備が遅れている	非常に発達している。 地域再投資法（CRA）などの政策支援もあり。
銀行口座	持っていない人が多い	広く持たれているが、約 3 割が銀行口座を持っていない
クレジットカード	未発達	一般に普及
社会保障制度	未発達	ある程度整備
コミュニティ	共同体意識が強い	共同体意識は希薄（特に都市部）
起業のしやすさ（自己雇用）	比較的やさしい。 インフォーマルなビジネス（仕事）が多い。	・市場が成熟し、大企業・中小企業を含めた競合相手との競争が激しい。 ・フォーマルな仕事が多いと思われているが、インフォーマルな仕事も存在。
物価水準（生活費）	消費者物価水準はアメリカの約半分	消費者物価水準はバングラデッシュの約 2 倍
人件費	低い	一般的に高い。職種によっては低賃金。

リカではフォーマルな仕事が多いが、起業に向くインフォーマルな仕事も多々存在する。

6．物価水準（生活費）

消費者物価は、図表4‐1のとおり、アメリカを一〇〇とするとバングラデッシュは約半分（五二・五六）である。日常生活に密接な食料品雑貨価格は五〇・四六、家賃は一八・七〇、レストラン価格は三七・三九とさらに差が広がる（二〇一四年二月）。

人件費も比較的安いバングラデッシュに比べてアメリカの人件費は比較的高い。ただ、職種によっては低賃金の職業も多い。

以上、バングラデッシュとアメリカのマイクロファイナンスを巡る社会経済状況の比較を一覧表にすれば、図表4‐2のとおりである。

III―グラミン銀行とグラミン・アメリカの相違点と共通点

以上のアメリカとバングラデッシュの社会経済状況を踏まえ、グラミン・アメリカがアメリカの制度や実態に合うようにグラミン銀行のビジネスモデルを変更・修正した点を項目ごとに順次見ていくこととしよう。

1. 組織形態

預金取扱金融機関には免許が必要で時間がかかるため、非営利組織（Non-Profit Organization）としてスタートした。将来的には預金を受け入れるクレジット・ユニオンを目指している。

2. 融資金額

アメリカの物価水準、貧困から脱却するのに必要な金額等を勘案して、初回融資の上限融資金額を一、五〇〇ドル（一五万円）に変更した。当初、三、〇〇〇ドル（三〇万円）などを試してみたが、修正を重ねて現在の一、五〇〇ドルに設定した。

3. 融資期間

六カ月または一年の二種類に限定。金融商品のラインナップはオペレーションのしやすさを考慮して単純化している。

4. 金融商品

「ベーシック・ローン」の単一融資商品でスタート。零細企業ローンは、二〇一三年現在、規定が存在するのみで融資実績はない。

5. 融資順番

二：三方式でスタートした。最初の二人と次の三人が融資を受ける間隔は一カ月ではなく二週間とした。

6. 融資金利

アメリカの金利状況を踏まえて一五％（定率法）に変更した。貧困削減という目的と事業のサステナビリティを両立できるギリギリの低金利を追求する。

7. 貯蓄・保険・年金・送金

未実施。段階的に導入を検討。

8. クレジット・ヒストリー（信用履歴）の構築

アメリカでは日常生活の中で、アパートの賃貸や携帯電話の購入などにも信用履歴が必要とされる。アメリカの実態に合わせて信用履歴構築のシステムを取り入れ、メンバーの貧困脱却に役立つようローン返済状況を信用情報機関エクスペリアンに報告している。

9. ソーシャル・ネットワークの形成

グラミン・アメリカ内部だけでなく、借り手とも議論を重ねて、グラミン銀行の「一六か条の誓

図表 4-3　グラミン銀行の「16 か条の誓い」とグラミン・アメリカの「5 か条の誓い」

16 か条の誓い	5 か条の誓い
1. 私たちは、グラミン銀行の 4 つの原則である、規律、団結、勇気、勤勉に従い、どんな人生を歩むことになっても、それを実現することを誓います。 2. 私たちは家族に繁栄をもたらします。 3. 私たちは壊れた家には住みません。私たちは家を直し、できるだけ早く新しい家を建てられるように働きます。 4. 私たちは一年中野菜を育てます。私たちはその野菜をたくさん食べ、残りがあれば売りに出します。 5. 種まきの時期には、私たちはできるだけ多くの種を蒔きます。 6. 私たちは家族の人数をなるべく増やさないように家族計画を行います。出費を少なくします。健康に留意します。 7. 私たちは自分の子どもたちに教育を受けさせ、子どもたちが教育費用を賄えるだけの収入を得られることを確保します。 8. 私たちはいつでも子どもたちや、周囲の環境を清潔にしておきます。 9. 私たちは簡易トイレを作り、それを使います。 10. 私たちは丸井戸から汲んだ水を飲みます。もしそれができない時には、沸騰させるか、ミョウバンを使います。 11. 私たちは息子が結婚する時には持参金を要求せず、娘が結婚する時には持参金を渡しません。私たちはセンターを持参金に巻き込まないようにします。私たちは幼い子ども同士の結婚をすすめません。	1. 私たちはグループの規律を守り、この同じ原則をビジネスや個人の生活に応用することを誓います。私たちは快適で安全な場所を選んで、毎週、センター・ミーティングを開きます。 2. 信頼と善行はセンターの重要な部分です。信頼や規律が守られていないことが分かったら、私たちは責任を持って誰かに知らせ、センターの規律を回復するために協働します。 3. 私たちは貯蓄に励み、できるだけ資産を増やして、それをもとにビジネスを拡大します。 4. 私たちは自分の健康管理に注意して、自分と家族の健康を第一にします。私たちは健康に悪いことはしないようにします。 5. 私たちは信用履歴を確立するために責任のある金融行動を取ります。

12. 私たちは誰かに不正義を押し付けず、誰かが私たちに不正義を押し付けることも許しません。 13. 私たちはより高い収入を得るために、みんなで集まってより大きな投資を始めます。 14. 私たちはいつでもお互いに助け合います。もし誰かが困難に陥ったら、その人を助けます。 15. どこかのセンターで規則違反があった時には、私たちはそこへ行って規則を回復するのを助けます。 16. 私たちはあらゆるセンターで、体操を始めるようにします。私たちはあらゆる社会活動にみんなで参加します。	

い」をアメリカの社会経済状況に合わせて「五か条の誓い」に改定した。

グラミン銀行の「一六か条の誓い」とグラミン・アメリカの「五か条の誓い」を比較してみると、図表4-3のとおりである。

10．借り手のビジネス（仕事）

バングラデッシュで借り手の女性たちが行う仕事は子牛の飼育（大きく育てて売る）、米作、野菜栽培、雑貨店などである。他方、アメリカの借り手の女性たちが行う仕事は衣料・食料品・化粧品・アクセサリー・花・ギフト・小物などの販売、サロン（理髪、ネイル）、カートでの行商、ミシン裁縫などの自己雇用や家政婦、子守りなどの被雇用である。第三章Ⅱで見たように、グラミン・アメリカの借り手の女性たちはローンを既存の仕事に加えて副業を行うために利用しているケースもある。

バングラデッシュとアメリカでは起業のしやすさ、

マーケットの規模、大・中小企業を含めた競合相手との競争の程度など社会経済状況は違っても、アメリカの借り手の女性たちはマイクロファイナンスを活用できるビジネスをたくましく、そして賢明に見つけ出している。

以上が、グラミン・アメリカがグラミン銀行のビジネスモデルを変更した点であるが、他方、グラミン銀行のビジネスモデルを基本的に継承して変更しなかった点は次のとおりである。

(1) **資本**（資金調達）

当初は寄付、贈与。数年後に事業収入で事業コストを賄えるサステナブルな状態にする（事業収入で事業資金を賄える）ことを目標。

(2) **融資対象**

貧困層で、仕事を始めたり維持・拡大する意欲のある人。

(3) **担　保**

無担保。連帯責任。

ニューヨークの屋台

(4) 融資形態

グループ・レンディング。

第4章Ⅱで見たバングラデッシュとアメリカの社会経済状況の違いを前提にすると、個人主義が発達したアメリカ社会では、特に共同体意識の希薄なニューヨークのような都会では五人組のグループ・レンディングは個人レンディングに修正した方がよいとの考えも当然あり得る。事実、アクシオンUSネットワークは個人レンディングのマイクロファイナンスを採用している。しかし、グラミン・アメリカはグラミン銀行と同様、五人組のグループ・レンディングを継承して採用した。

(5) 資金使途

所得創出。

(6) 返済方式

毎週。返済はローン実行一週間後から開始。

(7) 返済率

高い返済率（二〇一三年八月現在、九九・八％）。ほとんど貸倒れがない制度と運用。

図表 4-4　グラミン銀行とグラミン・アメリカの比較

	グラミン銀行	グラミン・アメリカ
組織形態	銀行	非営利組織（Non-Profit Organization）
資本 （資金調達）	グラミン銀行の株式の95%を借り手の女性が所有、5%を政府が所有。 当初は援助資金（贈与や融資）。	寄付・贈与・融資。 ジャクソン・ハイツ支店は設立後5年でサステナブルになった（事業収入で事業資金を賄える）。
融資対象	貧困層。 97%が女性。	・貧困ライン以下（11,720ドル／1人家族）4,650万人（15.0%） ・事業を始めたり維持・拡大する意欲のある人
融資金額	250ドル（平均）	・1,500ドル（最初） ・2回目の融資から、返済実績により増減
融資期間	Grameen II では自由設定	6カ月または1年
金融商品	事業資金ローン、住宅ローン、教育ローン、物乞い者ローン	現在、「ベーシック・ローン」のみ。零細企業ローンはいまだ融資実績なし。
担保	無担保、連帯責任	無担保、連帯責任
融資形態	グループ・レンディング	グループ・レンディング。 メンバーは徒歩5分圏内に居住。
融資順番	2:2:1方式（最初の2人と次の2人、さらにその次の1人が融資を受ける間隔は1カ月）。 5人そろって。	2:3方式（最初の2人と次の3人が融資を受ける間隔は2週間）
融資金利	事業資金ローン:20% 住宅ローン:8% 教育ローン:5% 物乞い者ローン:0%	ベーシック・ローン:15% （定率法）
資金使途	所得創出	所得創出

返済方式	毎週。 返済はローン実行１週間後から開始。	毎週。 返済はローン実行１週間後から開始。
返済率	97%（2011年）	99.8%（2013年）
貯蓄の奨励	少額貯蓄。	少額貯蓄。
	グラミン銀行に預金。	地元の提携銀行に普通預金口座開設。
貯蓄・保険・年金・送金	貯蓄・保険・年金などの金融サービスを提供	未実施。段階的に導入を検討。
クレジット・ヒストリー（信用履歴）の構築	信用情報機関なし	ローン返済状況を信用情報機関に報告
ソーシャル・ネットワークの形成（グループの規律）	16か条の誓い	5か条の誓い
ローン実行の基本構造	グループ－センター－支店	グループ－センター－支店
借り手のビジネス（仕事）	水牛の飼育、米作、野菜栽培、雑貨店など	衣料・食料品・化粧品・アクセサリー・花・ギフト・小物などの販売、サロン（理髪、ネイル）、カートでの行商、ミシン裁縫など

(8) 貯蓄の奨励

少額貯蓄の奨励。

アメリカで毎週二ドル（二〇〇円）の貯金など果たして意味があるのかとの議論もあったが、貯蓄習慣の醸成はグラミン・アメリカの規律を守る上からも重視され、貯蓄プログラムは借り手からも評価されている。

(9) ローン実行の基本構造

グループ－センター－支店。

バングラデッシュのグラミン銀行のビジネスモデルの特徴は、①貧しい人しか融資を受けられない、②担保はいらないが、グループで連帯して返済に責任を持つ、③メンバーになるには五人組のグループを作ることが必要、④所得創出活動に融資を活用する、⑤毎週開かれるセンター・ミーティングに参加する、⑥支店の行員が集金に回ることなどである。これらは基本的にそのままグラミン・アメリカのビジネスモデルの特徴になっている。

以上、グラミン・アメリカとグラミン銀行の相違点と共通点を一覧表にしてみると、図表4-4のとおりである（▒［シャドー部分］が主な相違点）。

グラミン・アメリカは二〇〇八年に最初のジャクソン・ハイツ支店を開設以来、アメリカの貧困層に必要とされ急成長したが、当初はアメリカでもバングラデッシュのマイクロファイナンスがアメリカでできるはずはないと思われていた。

グラミン・アメリカができる二〇年以上前の一九八五年、ユヌス博士はシカゴを訪ねて、銀行家、経済学者、地域の指導者、社会活動家など市民とマイクロファイナンスについて話し合ったことがある[11]。

ユヌス博士が人々にバングラデッシュのグラミン銀行の経験を話すと、その話を聞いた人々はほとんどみな冷ややかな反応しか示さなかった。明らかにシカゴの人々はみな、バングラデッシュでの実験がアメリカの貧困を撲滅する上で役立つとは認めていなかった。

「アメリカとバングラデッシュの二つの社会の間には、天文学的な距離がある」とアメリカの人々は言った。「シカゴで少額のマイクロファイナンスなど必要としている人など果たしているのでしょうか？　シカゴの人たちは、仕事や職業訓練や健康保険を必要としているんです。そして、ドラッグや非道な暴力から守られることを必要としているんです。事業を起こして自己雇用なんて前近代的な概念がまだ残っているのは、原始的な社会や途上国だけですよ。シカゴの貧困者や低所得者たちが必要としているお金は家賃や毎日の生活費であって、ビジネスに投資するためのお金なんかではないんです。そもそも、どうやって貧困者や低所得者に投資なんてさせるつもりなんですか？　彼らには働いて稼ぐだけの技術もないのに」。

ユヌス博士はバングラデッシュで言ってきたのと同じことを言った。「貧しい人々はとても創造的なんです。どうやって生活費を稼ぐか、それでどうやって自分の生活を変えればいいのか知っています。彼らに必要なのは、ただその機会なんです。マイクロファイナンスによって、その機会が与えられるんです」。そして、次のように付け加えた。「たしかに、アメリカとバングラデッシュ、この二つの社会は違うものだし、数千マイルも離れています。でも、率直に言って、私にはバングラデッシュの貧しい人と、シカゴの貧しい人との間に特別な違いはないと思います。貧困が引き起こす問題や結末は同じで、問題の本質はまったく同じものです」。議論は平行線のままだった。

タイム誌（2009年1月11日）の記事のパネル
（グラミン・アメリカのジャクソン・ハイツ支店で）
（2013年8月10日撮影）

この時のアメリカの人々の反応は、日本でもときどき語られるマイクロファイナンスに対する反応とよく似ている。

また、グラミン・アメリカができて約一年が経った二〇〇九年一月一一日、タイム誌に「マイクロファイナンスは果たしてアメリカでやっていくことができるか？」という記事が載った。そこでは、マイクロファイナンスが途上国でうまくいったとしても、地球上で最も富裕な国の一つであるアメリカでうまくいくかどうかはこれからの挑戦だとして、融資だけでなくソーシャル・ネットワークが作られることに注目している。グラミン・アメリカの第一号支店ジャクソン・ハイツ支店では、その記事をパネルにして自分たちがアメリカでもやっていけることを示す気概を忘れないようにオフィスの壁に掛けられている。

IV ―「逆開発」の潮流

従来、開発と言うと先進国の進んだ制度、考え方、技術、ノウハウをいかに途上国に移転するかという視点から考えられることが多かった。しかし、グラミン・アメリカはこの従来の考え方をひっくり返すインパクトを持っている。というのは、これまでの開発は北の先進国が南の途上国に技術等を移転していたのが、グラミン・アメリカは、それとは逆に、南の途上国が北の先進国に経済社会問題の解決策やアイデアを示し、人材、技術、ノウハウを移転して問題を解決できることを理屈ではなく事実をもって証明したのである。この「逆開発」は世界の国々の開発・発展に新しい潮流を示すものであると言えよう。

　アメリカの貧困・格差という社会経済問題に対して、途上国であるバングラデッシュ発のマイクロファイナンスの手法・ノウハウを使って、しかもバングラデッシュ人がアメリカにやって来てアメリカの貧困層の貧困脱却のために技術支援を行っているのがグラミン・アメリカである。これはなにもグラミン・アメリカの理事長であるユヌス博士だけのことを言っているのではない。グラミン・アメリカのオペレーションはシャー・ネワズ・オペレーションCEOを始め、アブダス・サレム・ニューヨーク支局長や各支店の支店長などバングラデッシュのグラミン銀行で経験を積んだ精鋭スタッフがオペレーションの中核を担っている。

　ユヌス博士はこの「逆開発」をマイクロファイナンスという金融の分野から広くソーシャルビジネスの分野に広げている。

アブダス・サレム・ニューヨーク支局長
グラミン・アメリカではニューヨークの6支店を統括。バングラデッシュで大学院を出た後、グラミン銀行に入行し支店を立ち上げ、地域の支局長として10支店を統括、ディビジョン・マネジャーとして100支店を統括した（2013年12月18日撮影）

　ソーシャルビジネスとは、ユヌス博士が二〇〇六年のノーベル平和賞授賞式のスピーチで提唱したもので、社会的な課題をビジネスの手法で解決に導く事業のことである[12]。一般的なビジネスとは異なり、その目的は利益最大化ではなく社会的課題の解決である。ソーシャルビジネスに投資した人は、ビジネスから上がった利益から元本を回収しても配当はなされず、残りの利益はビジネスの拡大や改善のために使われる。他方、慈善事業とも異なり投入された資金は一回限りではなく、繰り返し事業のために使われ利益を上げる。

ソーシャルビジネスは次の七つの基本原則に基づいて実施される(13)。

①ビジネスの目的は貧困を克服すること、あるいは人々や社会を脅かす社会問題（教育、保健医療、技術へのアクセス、環境など）を解決することで、決して利益の最大化ではないこと
②ビジネスは経済的財務的に自立可能で持続可能であること
③ビジネスへの投資家は投資元本を回収するだけで、元本を超える配当は分配されないこと
④投資元本が投資家に回収された残りの利益はソーシャルビジネスを拡大したり、改善したりすることに使われること
⑤ビジネスは環境に配慮したものであること
⑥スタッフは競争的な労働市場で得られる報酬と標準以上の労働条件で働くことができること
⑦楽しみながら仕事をすること（Do it with joy!!!）

グラミン・アメリカもソーシャルビジネスの一つであるが、ユヌス博士はグラミン・アメリカの借り手の女性たちに医療・保健を提供するソーシャルビジネスも始めた。グラミン・プリマケアである。そのビジネスモデルはバングラデッシュで高額な医療に手の届かないグラミン銀行の借り手の女性たちに良質で安価な医療サービスを提供するグラミン・カルヤンである。

グラミン・プリマケアは、二〇一三年、非営利組織（Non-Profit Organization）として本部をニュー

ヨーク市マンハッタンに、健康保健センターを同市クィーンズ区ジャクソン・ハイツに開設した。グラミン・アメリカの借り手の女性たちに予防医療や精神医療を含めた包括的な医療・保健サービスを安価に提供し、経済的貧困と医療の貧困の連鎖を断つことを目的としている。

グラミン・アメリカの借り手の女性たちは、貧しいがゆえに医療費の高い病院や医者にはかかれない。ギリギリまで我慢し、どうしようもなくなった時に救急病院（Emergency Room）に駆け込む。半日から丸一日、病院で待たされたあげく数分間の医療行為を受け、とてつもない高額の医療費を請求される。彼女たちはそれが払えないから、結果として踏み倒さざるを得なくなる。病院としても何回もそういうことが繰り返されると、彼女たちを歓迎しなくなり、彼女たちに必要な医療サービスが提供されないという悪循環が起きていた。

それに対して、グラミン・プリマケアは予防医学に実績のある病院と連携して、次のような「グラミン・ヴィダサナ・プログラム」を提供する。

・医者（一人）、看護師（二人）、ソーシャルワーカー（一人）、ヘルスコーチ（一〇〜一三人）のチームが患者を支援
・毎週、病気予防、産前健康管理、ダイエット、栄養などに関してヘルスコーチによる医療教育
・ソーシャルワーカーによるドメスティック・バイオレンスや育児の相談
・オンラインでの健康管理、データの作成・蓄積
・格安の医療サービスの提供など

事業継続に必要なコストをカバーするため、少額（毎週一〇ドル〔一、〇〇〇円〕）の料金を集める。

図表 4-5　グラミン・ネットワークの広がり

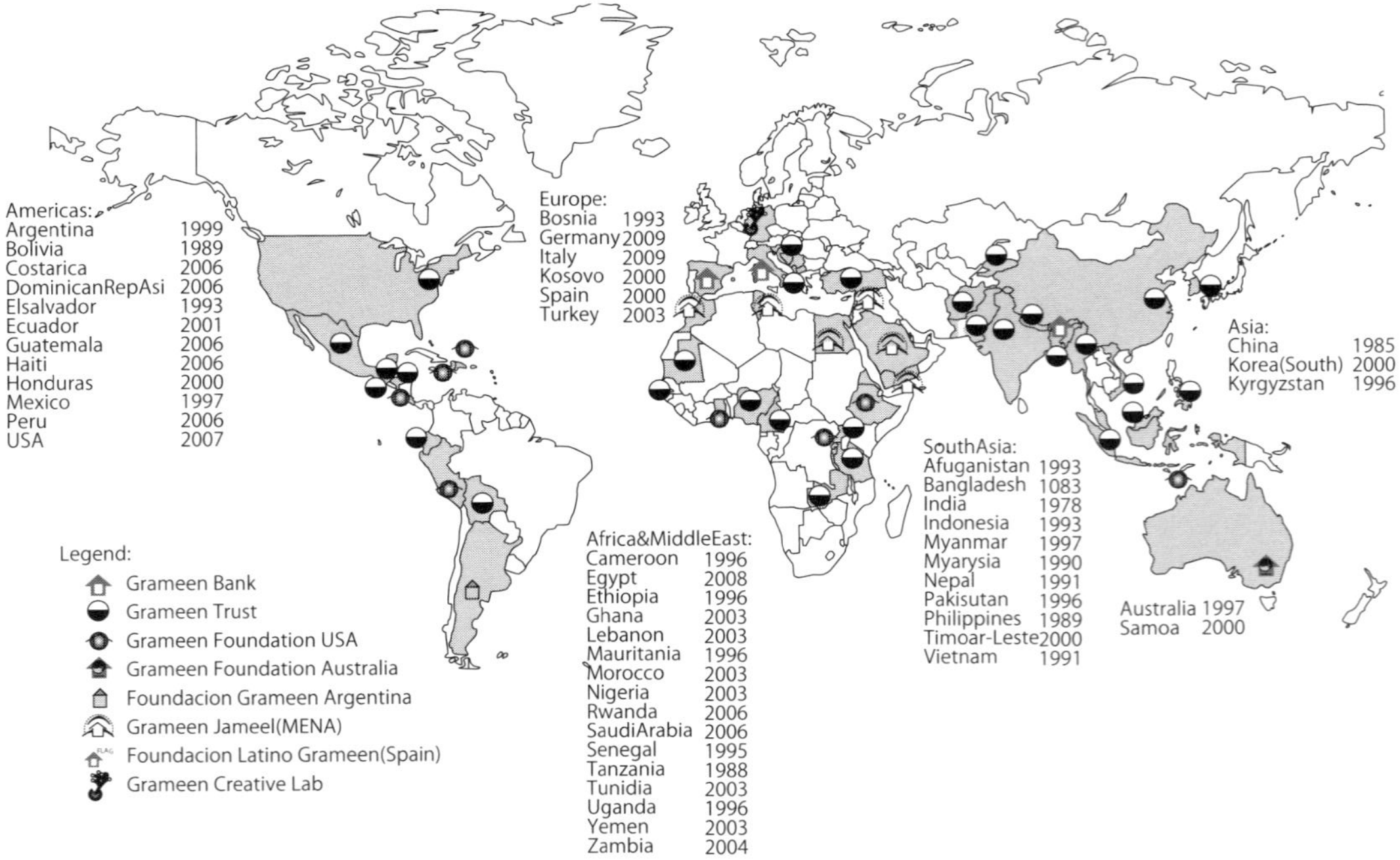

Americas:
Argentina 1999
Bolivia 1989
Costarica 2006
DominicanRepAsi 2006
Elsalvador 1993
Ecuador 2001
Guatemala 2006
Haiti 2006
Honduras 2000
Mexico 1997
Peru 2006
USA 2007
Europe:
Bosnia 1993
Germany 2009
Italy 2009
Kosovo 2000
Spain 2000
Turkey 2003
Asia:
China 1985
Korea(South) 2000
Kyrgyzstan 1996
Africa&MiddleEast:
Cameroon 1996
Egypt 2008
Ethiopia 1996
Ghana 2003
Lebanon 2003
Mauritania 1996
Morocco 2003
Nigeria 2003
Rwanda 2006
SaudiArabia 2006
Senegal 1995
Tanzania 1988
Tunidia 2003
Uganda 1996
Yemen 2003
Zambia 2004
SouthAsia:
Afuganistan 1993
Bangladesh 1083
India 1978
Indonesia 1993
Myanmar 1997
Myarysia 1990
Nepal 1991
Pakisutan 1996
Philippines 1989
Timoar-Leste 2000
Vietnam 1991
Australia 1997
Samoa 2000
Legend:
Grameen Bank
Grameen Trust
Grameen Foundation USA
Grameen Foundation Australia
Foundacion Grameen Argentina
Grameen Jameel(MENA)
Foundacion Latino Grameen(Spain)
Grameen Creative Lab

（出所）The Grameen Creative Lab

当初必要な資金は財団等から寄付を集めるが、三年後に事業収入で事業コストを賄える損益分岐点に到達することを目標としている。最初はグラミン・アメリカの借り手の女性たち、次にその家族、そして一般の人々へと漸進的に医療サービスを拡大していく計画である。

また、ユヌス博士の唱えるソーシャルビジネスは世界的に広がり、先進国・途上国の社会経済問題の解決のために、これまでは政府や国際機関が行っていた開発事業を手がけている。南から北へ、そして南から南へと従来の北から南への潮流に加えて新たな潮流が起きている。

グラミン・ファミリーのネットワークは、図表4‐5のように、世界の五〇以上の国で、四〇以上の組織が五万人以上を雇用している[14]。フランスの食品会社ダノンや水事業会社ヴェオリアなどと合弁企業（各々グラミン・ダノン・フーズ、グラミン・ヴェオリア・ウォーターなど）を作ってソーシャルビジネスに取組んでいる。中国でもアリババ・グループ（阿里巴巴集団）と提携して、グラミン・チャイナなどのソーシャルビジネスを立ち上げつつある[15]。日本では、ユニクロなどとの合弁企業が立ち上がっている。

ユヌス・ソーシャルビジネス（YSB）は、このソーシャルビジネスの成功を世界に広めることを目的とした組織で、二〇一一年にユヌス博士、サスキア・ブリュイステン、ソフィー・アイゼンマン、ハンス・ライツによってソーシャルビジネスとして設立された。インキュベーター・ファンドを通じてソーシャルビジネスを創る起業家と投資家をつなぎ、企業、政府、財団、NGOなどに助言している。

ユヌス・ソーシャルビジネスの仕組みは、図表4‐6のように、「YSBファンド」がドナーや投

図表 4-6　ユヌス・ソーシャルビジネスの仕組み

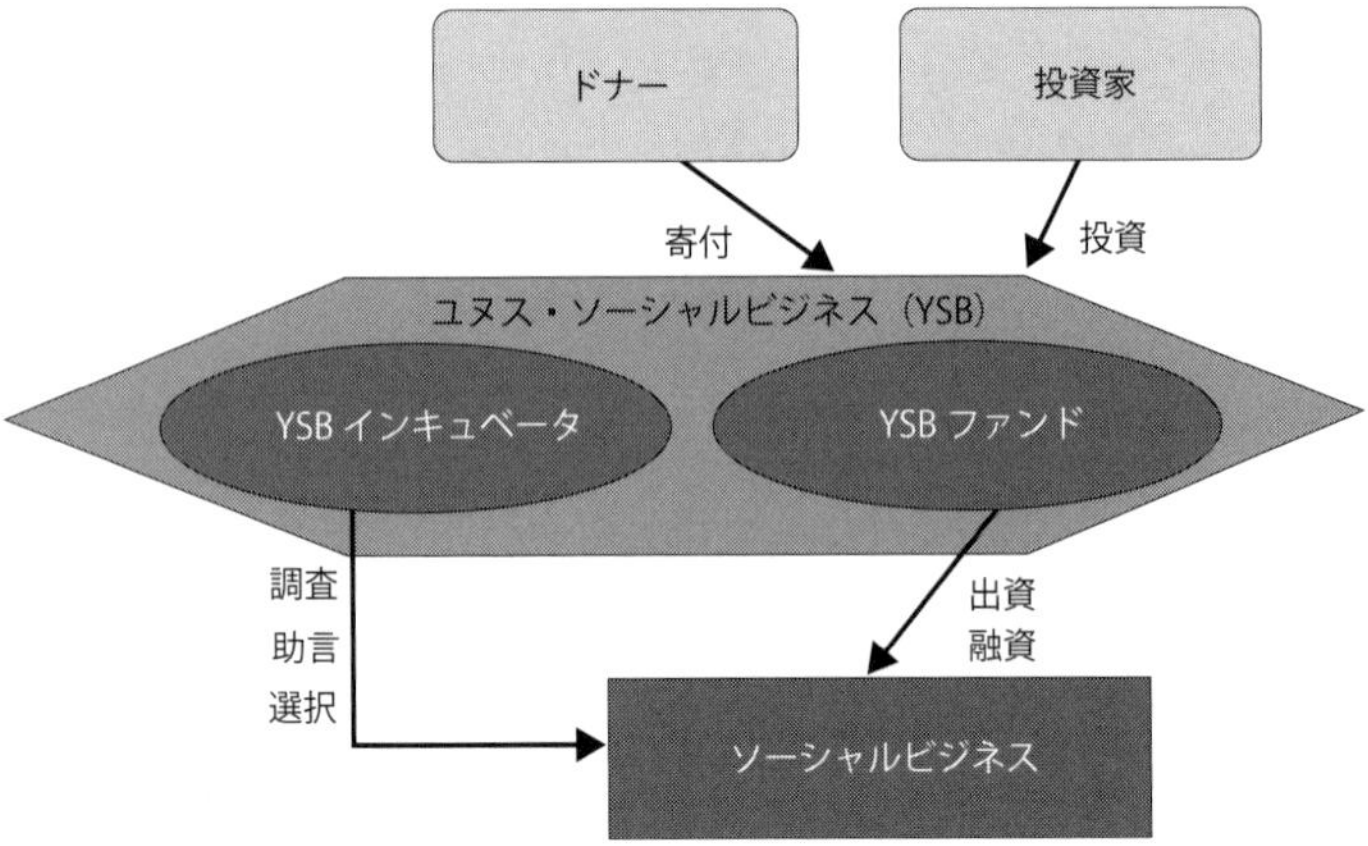

資家から資金を集め、「ＹＳＢインキュベーター」によって選択されたソーシャルビジネスに出融資する。ソーシャルビジネスが出融資金を返済すると、ＹＳＢファンドは投資家に元本を返済するか、他のソーシャルビジネスに再投資するというものである。

「ＹＳＢインキュベーター」はソーシャルビジネスを調査・開拓し、事業計画の策定を支援する。具体的には、

（一）応募されたソーシャルビジネスの事業計画を審査し、有望な事業計画を選択する。そのプロセスにおいて、コンペやワークショップを開催する。

（二）ＹＳＢインキュベーターは事前審査に通ったソーシャルビジネスのプランを起業家と一緒に財務的にサステナブルで、社会的なインパクトを最大化する事業計画へと練り上げ、投資に適したプランに改善する。

（三）ソーシャルビジネスへの出融資に当たって、

ＹＳＢインキュベーターは継続的にソーシャルビジネス起業家のスキルと能力向上のための経営支援を行う。この経営支援は、コーチング、企業会計、事業ごとのテーマなどについてプロボノの支援を得ながら行われる。

（四）ＹＳＢインキュベーターはソーシャルビジネス起業家がビジネスに必要なネットワークを利用できるよう支援する。

ユヌス・ソーシャルビジネスが二〇一一年の設立以来支援したソーシャルビジネスには次のようなものがある。

・ハイチの職業訓練校

西半球で最も貧しい国と言われるハイチの首都ポルトー・プランスで、若者のための職業訓練校に八万ドル（八〇〇万円）を融資。毎年四五〇人以上に職業訓練を実施し、利益を上げて融資を返済。他の三都市でも同様の職業訓練校を設立する計画。

・ハイチの森林破壊防止・国土浸食防止

ハイチのサン・マルク市でバイオ燃料、タンパク質源などになるジャトロファの栽培に二四万ドル（二、四〇〇万円）を投資。ジャトロファの栽培は、①環境保護、②バイオ燃料、タンパク質源の供給、③ハイチの森林破壊防止（ハイチは現在国土のわずか一・四％しか森林が無くなっている）と国土浸食防止、④二〇〇人以上の雇用創出に貢献している。

・アルバニアの老人介護施設

ヨーロッパで最も貧しい国と言われるアルバニアのティラナ市の老人介護施設に一一・五万ユーロ（一、五五〇万円。二〇一三年一一月の平均為替レート一EUR＝約一三五円で換算）を融資。高齢化の進むアルバニアに老人介護施設を建設することで、看護師やソーシャルワーカーに雇用の場を提供。

ユヌス・ソーシャルビジネスは、現在、ハイチ、アルバニアのほか、ブラジル、コロンビア、チュニジア、ウガンダで事業を展開している。

ユヌス博士は、ある社会における「生活の質」（Quality of Life）を判断する時、豊かな人たちがどのように暮らしているかを見るのではなく、社会の最底辺部の人たちがどのように暮らしているかを見るべきだと言っている[16]。この視点も欧米型のシステムや技術などを途上国に移転することでよしとしてきた従来の考え方に対してアンチテーゼを示していると言えよう。

問題を抱え困っている人たちにとって大事なことは、欧米型の制度、考え方、アイデア、技術、ノウハウを画一的に模倣して移転することではなく、先進国発であろうと途上国発であろうと、よいアイデアであれば、問題を解決するために最も効率的で、正義に適い、かつ卓越した方策を模索し実行することである。問題解決ができるかどうかが重要で、手段はそれによって評価されるべきである。

このことは、開発の問題のみならず、国内の社会経済問題の解決にも当てはまることであろう。

注

（1）Yunus (2011).
（2）Yunus(1997)（邦訳一九九八年）p.129.
（3）同書 p.150。
（4）同書 pp.155-156。
（5）同書 pp.159-160。
（6）World Bank. (http://databank.worldbank.org/data/views/reports/tableview.aspx#) (accessed March 18, 2014).
（7）同上。
（8）Passel and Cohn (2008).
（9）西山（二〇一三年）。
（10）Yunus (1997)（邦訳一九九八年）p.152.
（11）同書 pp.265-266。
（12）Nobel Lecture (http://www.nobelprize.org/nobel_prizes/peace/laureates/2006/yunus-lecture-en.html) (accessed March 18, 2014).
（13）Yunus (2010).
（14）The Grameen Creative Lab (http://www.grameencreativelab.com/our-company/network.html) (accessed March 18, 2014).

（15）CGAP Microfinance Gateway (http://www.microfinancegateway.org/p/site/m/template.rc/1.1.3307/) (accessed March 18, 2014).

（16）Yunus (1997)（邦訳一九九八年）p.284.

第五章

日本への応用可能性

本章では、これまで見てきたグラミン・アメリカのマイクロファイナンスのビジネスモデルを日本に応用できるのかどうかについて考えよう。そのために、まず、日本の貧困の現状を確認しておくこととしよう。

I―日本の貧困の現状

1. 生活保護基準以下の貧困（生存権以下の貧困）

貧困・格差問題が避けて通れない段階に達しているのはアメリカだけではない。日本でも生活困窮者の増加に歯止めがかからず、生活困窮者に対する最後のセーフティネットである生活保護の受給者は二〇一一年度に二〇六万人を超え、第二次世界大戦後に生活保護制度が創設されて以来、史上最多を記録している。直近の二〇一三年一二月には、生活保護受給世帯が一五九・八万世帯、生活保護受給者数は二一六・七万人と毎月のように過去最多が更新され、貧困・格差問題が深刻化している。この一五年ほどで生活保護受給者は一〇〇万人以上増え、二倍以上になった（図表5‐1参照）。

しかも、日本の場合、欧米諸国に比べて生活保護の捕捉率（生活保護基準以下の収入で暮らす世帯のうち、実際に生活保護を受給している世帯の割合）は極めて低く、生存権以下の貧困層が適切な給付を受けられていないことが懸念される。正確な数字は不明だが、先行研究によれば、日本の生活保護の捕捉率は一〇〜二〇％であり、厚生労働省が二〇〇七年の「国民生活基礎調査」をもとに二〇一〇年に算出した数字では三二・一％となっている。いずれにしても実際には生活保護を受給していない、膨大な数に上る貧困層が存在していると推測される。

仮に、捕捉率を三〇％として二〇一三年一一月の数字を基に生活保護基準以下で暮らす世帯、人数を試算すれば、五三三万世帯（一五九・八万世帯÷〇・三）、七二二万人（二一六・七万人÷〇・三）となる。このうち、実際に生活保護を受給している一五九・八万世帯、二一六・七万人を各々差し引けば、三七二万世帯、五〇五万人が生活保護基準以下で生活しているにもかかわらず、生活保護を受給していないことになる。また、仮に、捕捉率を二〇％として生活保護基準以下で暮らす世帯、人数を試算すれば、同様に**六三九万世帯、八六七万人が生活保護基準以下の収入であるにもかかわらず、生活保護を受給せずに生活**している。

債務があったり無貯蓄の低所得者が生活保護基準以下に転落しないよう生活困窮者が家計の再生を図り、自立することを支援する「防貧」はもちろん大事だが、生活保護基準以下で暮らしている人々の「救貧」はさらに対策が急がれるべき喫緊の課題である。

この一〇年ほどで特に目立つのが「稼動層」と言われる、障がいでも高齢でもない、「本来であれ

図表5-1　被保護世帯数、被保護人員、保護率の年次推移

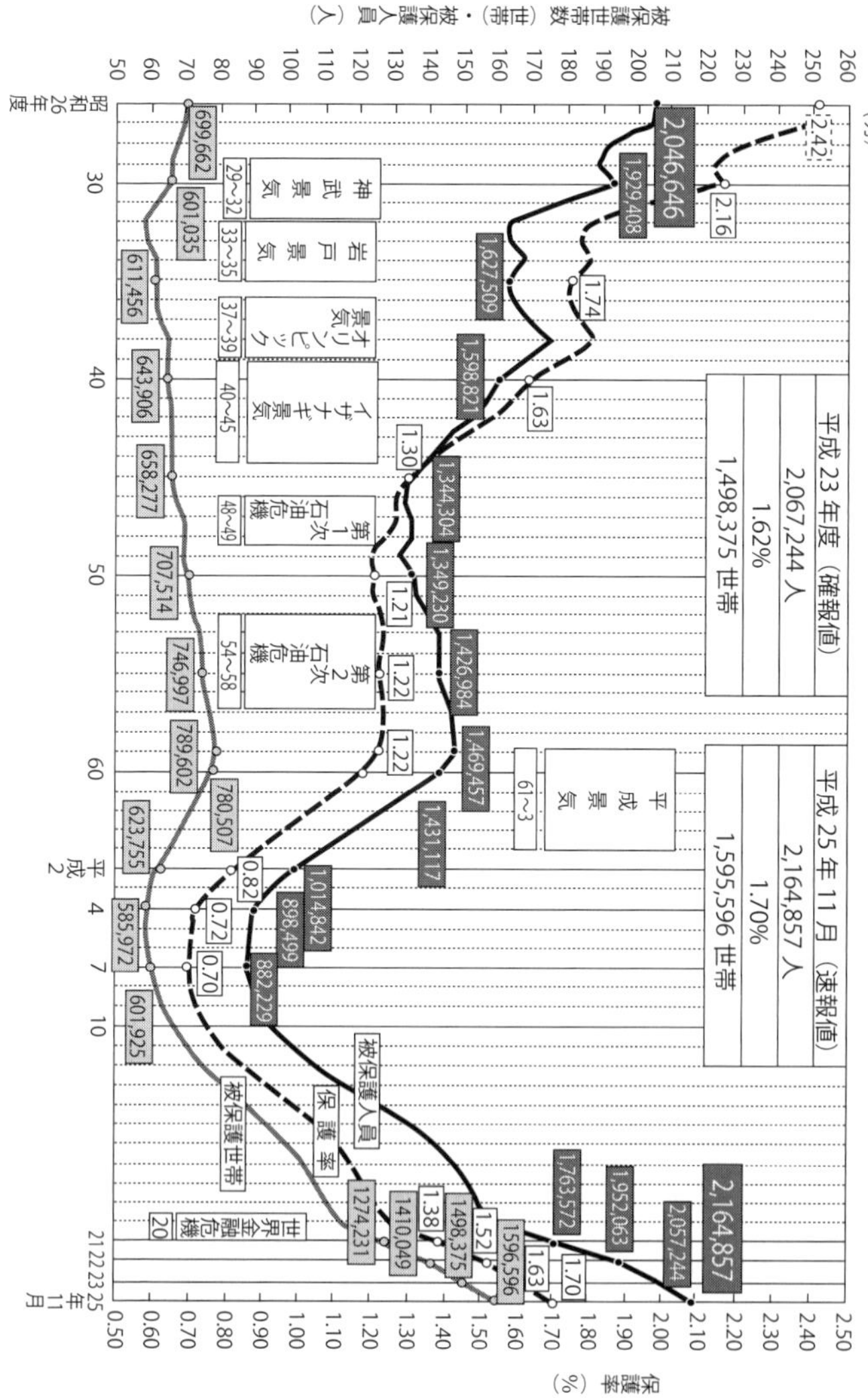

（出所）厚生労働省

ば働ける世帯」の生活保護の増加である（統計上は「その他」に区分されている）。一九九〇年代初めのバブル崩壊後の約二〇年間は、働きたいが仕事がない、仕事があっても極めて所得が低い人々（いわゆる「ワーキングプア」。第五章I後述）を増加させた。それらの人々が失職、病気、ケガなどをきっかけに生活保護を受給するようになっている。

生活保護基準以下の収入で暮らす世帯が生活保護を受給していない理由としては、

・売れない不良資産としての家や生活必需品としての車などの資産があるために生活保護を受けられないこと
・親族に知られてしまうなど生活保護申請に抵抗やスティグマがあること
・稼働年齢の場合、市役所等窓口での抑制的な運用により実質的に申請ができないこと

などが上げられる。憲法第二五条で規定された生存権がこれらの理由で守られない状況は早急に改められる必要がある。生活保護については、不正受給と同時に漏給も取り組まなければならない大きな問題になっているのである。

低い捕捉率の下で生活保護受給者が増加している主な原因が生活保護受給者の四割を占める高齢世帯の増加である。捕捉されない七～九割の人の多くは自治体の窓口で「まだ働けるのだからまず職を探して」と指導される「稼動層」が多いと推測される。この稼動層の貧困層が本書で論じるマイクロファイナンスの対象となる人々である。

図表 5-2　日本の貧困率及び貧困ラインの年次推移

年	1985	1988	1991	1994	1997	2000	2003	2006	2009
相対的貧困率（%）	12.0	13.2	13.5	13.7	14.6	15.3	14.9	15.7	16.0
子どもの貧困率（%）	10.9	12.9	12.8	12.1	13.4	14.5	13.7	14.2	15.7
子どもがいる現役世帯（%）	10.3	11.9	11.7	11.2	12.2	13.1	12.5	12.2	14.6
大人が 1 人（%）	54.5	51.4	50.1	53.2	63.1	58.2	58.7	54.3	50.8
大人が 2 人以上（%）	9.6	11.1	10.8	10.2	10.8	11.5	10.5	10.2	12.7
名目値（万円）									
中央値（a）	216	227	270	289	297	274	260	254	250
貧困ライン（a/2）	108	114	135	144	149	137	130	127	125
実質値（1985 年基準）（万円）									
中央値（b）	216	226	246	255	259	240	233	228	224
貧困ライン（b/2）	108	113	123	128	130	120	117	114	112

（注）1. 大人とは 18 歳以上の者、子どもとは 17 歳以下の者をいい、現役世帯とは世帯主が 18 歳以上 65 歳未満の世帯をいう。
2. 名目値とはその年の等価可処分所得をいい、実質値とはそれを 1985 年基準の消費者物価指数（持家の帰属家賃を除く総合指数）で調整したものである。等価可処分所得とは、世帯の可処分所得を世帯人員の平方根で割って調整したものをいう。

（出所）厚生労働省「平成 22 年国民生活基礎調査」

2. 貧困率

二〇〇九年、厚生労働省は日本政府として初めて貧困ラインを公式に発表した。それによれば、貧困ラインは等価可処分所得の中央値の半分で、二〇〇九年には可処分所得一一二万円（二人世帯で一五八万円、三人世帯で一九四万円、四人世帯で二二四万円）が貧困ラインである。[1] 貧困ラインに満たない貧困層の国民全体に占める割合である貧困率の推移をみると、図表5‐2のように、一九八五年の一二・〇％以来上昇を続け直近調査の二〇〇九年には一六・〇％と

図表 5-3　日本の貧困率の年次推移

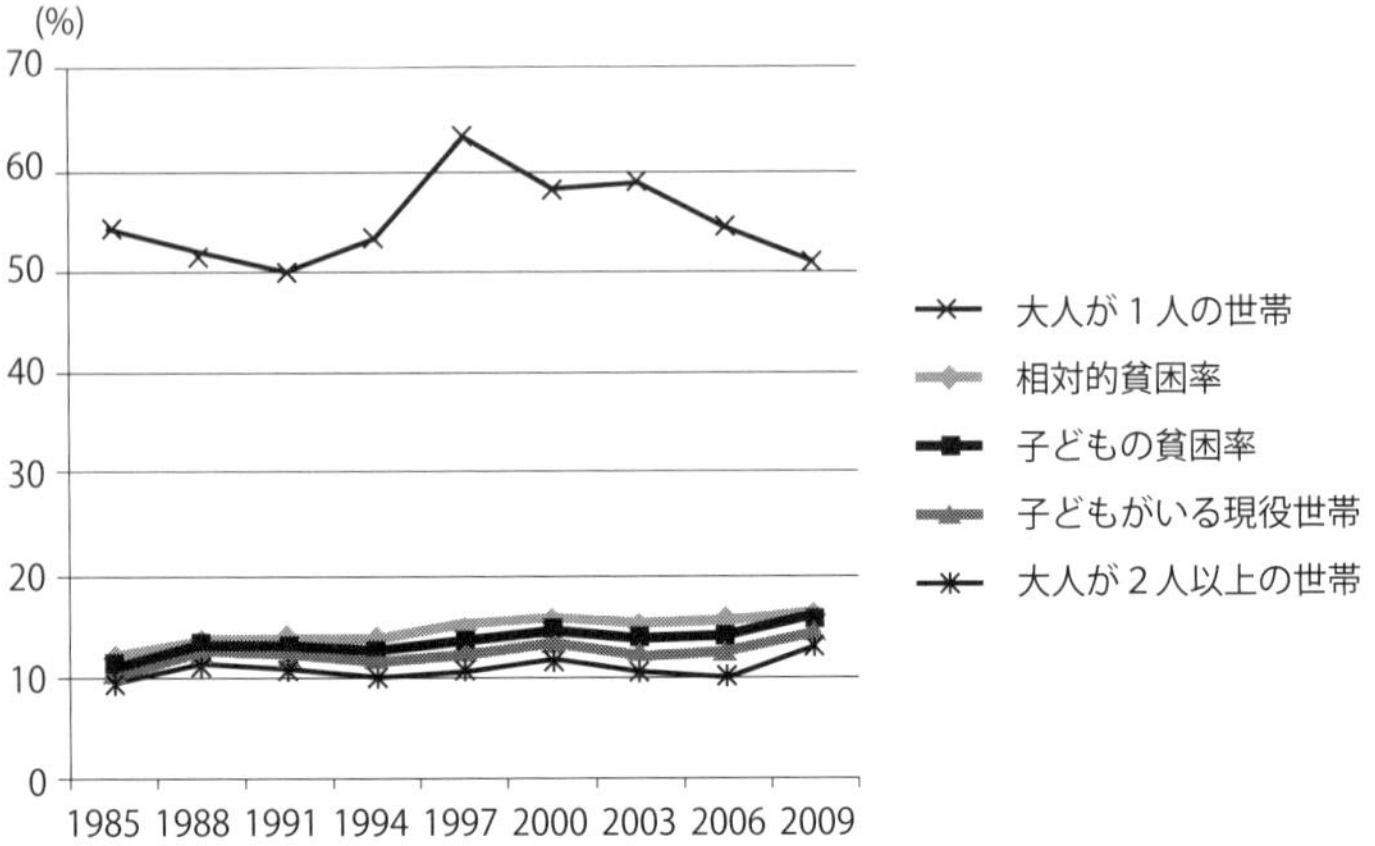

（出所）厚生労働省「平成 22 年国民生活基礎調査」より作成

図表 5-4　OECD 諸国の相対的貧困率（2000 年代半ば）

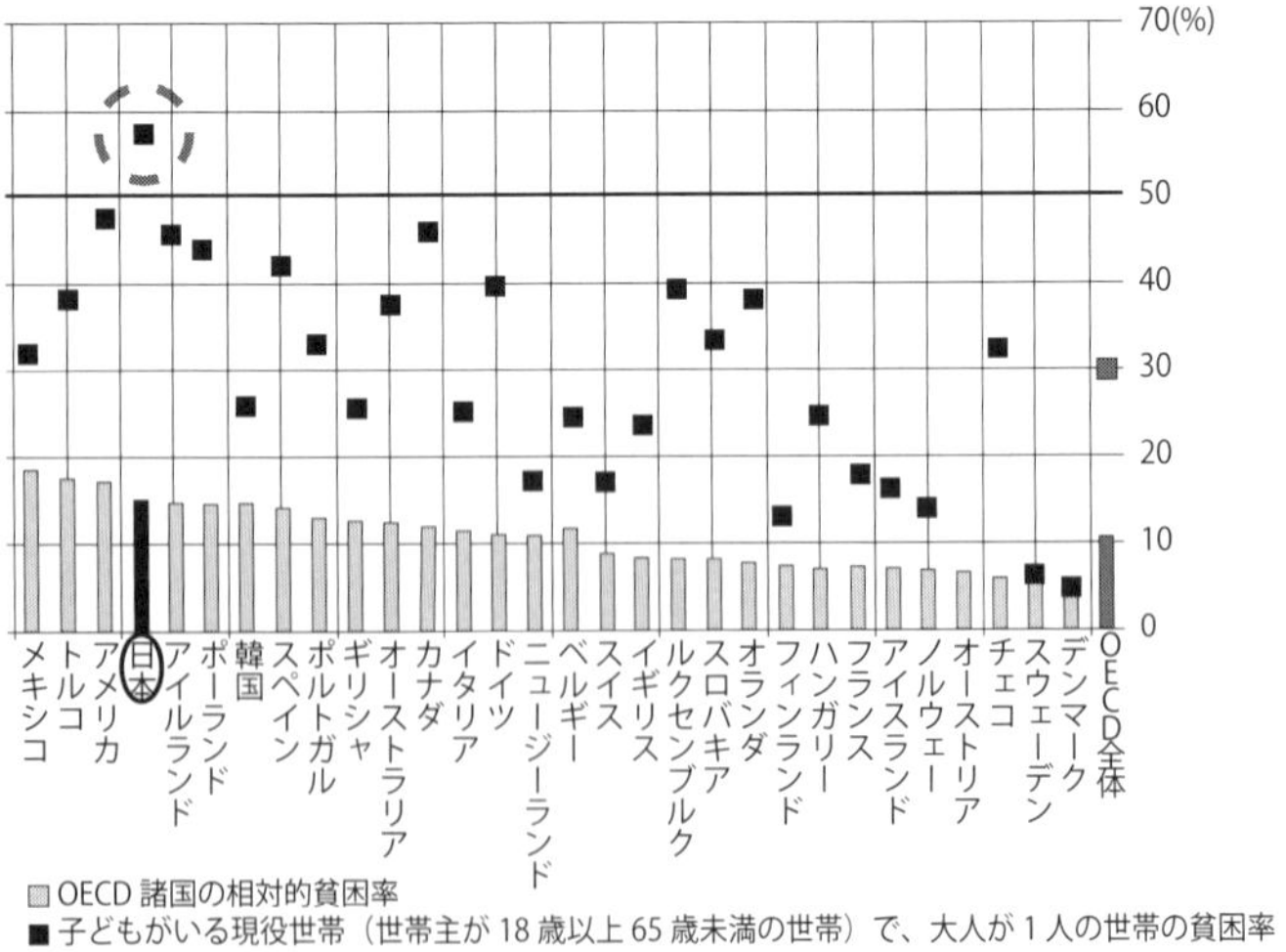

（出所）OECD（2013）より作成

図表5-5　母子世帯・父子世帯の経済状況

	母子世帯	父子世帯
1. 世帯数（推計値）	（115.1） 123.8万世帯	（24.1） 22.3万世帯
2. ひとり親世帯になった理由	離婚 80.8%（79.7） 死別 7.5%　（9.7）	離婚 74.3%（74.4） 死別 16.8%（22.1）
3. 就業状況	（84.5） 80.6%	（97.5） 91.3%
うち正規の職員・従業員	（42.5） 39.4%	（72.2） 67.2%
うち自営業	（4.0） 2.6%	（16.5） 15.6%
うちパート・アルバイト等	（43.6） 47.4%	（3.6） 8.0%
4. 平均年間収入（世帯の収入）	（213） 291万円	（421） 455万円
5. 平均年間就労収入（母又は父の就労収入）	（171） 181万円	（398） 360万円

※（　）内の値は、前回（平成18年度）の調査結果。
※「平均年間収入」及び「平均年間就労収入」は、平成22年の1年間の収入。
（出所）厚生労働省

過去最悪になっている。**日本は国民の六人に一人に当たる約二、〇〇〇万人が貧困ライン以下の貧困状態で暮らしている**（厚生労働省「平成二二年国民生活基礎調査」）。

また、一七歳以下の子どもの貧困率は一五・七％で、子どもがいる現役世帯（世帯主が一八歳以上六五歳未満の世帯）で、大人が一人の世帯（主に母子家庭及び父子家庭）の半数以上が貧困状態にある。図表5‐2及び図表5‐3から分かるように、大人が一人の世帯の貧困率は一九八五年以降約二五年間一貫して五〇％を超えている。

このように、日本の貧困で特徴的なことは、子どもがいる現役世帯で大人が一人の世帯の貧困率が極めて高いことである。図表5‐4は、日本の貧困が世

図表 5-6　雇用形態別年収 200 万円未満の雇用者数（構成比）（2012 年）

	雇用者数（役員を除く）	正規社員	非正規社員
男　性	477 万人（16.6%）	157 万人（ 6.8%）	319 万人（56.4%）
女　性	1,305 万人（57.0%）	256 万人（24.6%）	1,050 万人（84.2%）
計	1,782 万人（34.4%）	413 万人（12.3%）	1,369 万人（75.5%）

（出所）総務省統計局「平成 24 年労働力調査年報（詳細集計）」より作成

界の中でどのような位置にあるのかを表すものである。日本の相対的貧困率は直近では一六・〇％（二〇〇九年）と先進国Ｇ７の中でアメリカの一七・四％（二〇一〇年）に次いで高くなっている（ＯＥＣＤ諸国の平均は一一・一％（二〇一〇年））。[2] **子どもがいる現役世帯で大人が一人の世帯の貧困率は五〇％超**と、ＯＥＣＤ諸国の中でも突出して高く、先進国の中で最悪となっている（先進国の中で日本は唯一五〇％超が貧困状態）。日本では、大人が一人の世帯、特に母子家庭の貧困対策が解決の急がれる課題である。

このことをさらに詳しく見るために「平成二三年度全国母子世帯等調査」（図表５‐５参照）を見てみると、母子世帯は一二三・八万世帯に上り、平均年間世帯収入は二九一万円、母自身の平均年間就労収入は一八一万円となっている。母子世帯の平均年間収入（二九一万円）は、国民生活基礎調査による児童のいる世帯の平均所得の約四割（四四・二％）であり、母子世帯の約三割（二八・七％）は「貯金がない」。約五割が貯金「五〇万円未満」である。

3. ワーキングプア

一般に「働く貧困層」と言われるワーキングプアについては、所得がいくらであればワーキングプアなのか確立した基準があるわけではない。総務省統計局「労働力調査年報（詳細集計）」によれば、**年収二〇〇万円未満の雇用者数は、二〇一二年に約一、七八二万人に上る**（図表5-6参照）。

同調査年報によれば、非正規社員の四分の三、正規社員の一割以上が年収二〇〇万円未満であり、女性に限って見れば、全体の約六割が年収二〇〇万円未満である。主婦のパートや親と同居するパラサイトシングルなども含まれるが、**女性非正規社員の八割以上が年収二〇〇万円未満**となっている。

また、二〇一三年平均の正規の職員・従業員数は三、三〇二万人、非正規の職員・従業員は一、九〇六万人であるが、役員を除く雇用者に占める非正規の職員・従業員の割合は毎年増加しており、二〇一三年には三六・六％に達している。非正規雇用者の増加は、特に女性で顕著で、二〇一三年には**女性の非正規雇用者は女性雇用者総数の過半数**を占める。

非正規労働者を企業が雇用する理由は「賃金節約のため」という理由が断然多い。厚生労働省「平成二四年賃金構造基本統計調査」によれば、正社員と非正社員の月額の賃金差は、男性で三四三、八〇〇円と二一八、四〇〇円、女性で二五二、二〇〇円と一七四、八〇〇円となっており、男女ともに**非正社員の賃金は正社員の六割台**に止まっている。

4．貧困対策としてのマイクロファイナンス

貧困問題は、個人の視点から見れば、いつ、何が起こるか分からない現代社会に生きる私たちにとって今や他人事ではなく、明日は我が身の問題になっている。失職、病気、ケガ、事故、配偶者と

の離婚・死別などで貧困や生活困窮状態に陥ることは誰にでも起こり得ることである。また、社会全体の視点から見れば、貧困問題はそれを放置しても、将来、必ずフォローアップが必要になり、社会的コストが増大する形で確実に私たちの社会に跳ね返ってくる問題であり、早急に取り組まなければならない課題である。

従来、公的セクターが担うと思われてきた貧困対策において、政府や自治体には財政上や機能上の限界があり、実際、従来の行政の手法で対応することは難しくなっている。他方、利益最大化を基本原理とする市場では、貧困削減という社会的課題の解決に必要な財やサービスの供給は十分に行われず、不足ないし欠如することとなる。また、ボランティアなどの人々の善意や犠牲に依存して質量ともに広がりを見せる貧困を解決することにも限界がある。

この状況を放置すれば、それだけ人々の尊厳や人権が侵され、生命さえも危険に晒される事態（現実に起きている餓死など）はさらに広がることになる。貧困は世代を超えて「貧困の連鎖」が起こりやすいが、社会に貧困が広がれば、生活や生命の維持のために犯罪が増えて治安が悪化したり、人生に落胆して自殺、心中、他者への暴力などが増えることになる。このような状況は社会に不安や不満のエネルギーを鬱積させ、社会の基盤を蝕んで社会を不安定化させやすい。

マイクロファイナンスは貧困削減に取り組むことを念頭に置きつつも、ビジネスとしてサステナブルであるために利益を求める。融資した資金を回収することが大前提になる。したがって、マイクロファイナンスが対象とする範囲は生存権以下の貧困層を中心とした「自分の能力を活用できる層」である。そのような人々はお金を借りて仕事を始めたり維持・拡大することで収入を得て貧困から脱却

図表 5-7　就労の能力と意欲の有無による棲み分け

能力	意欲	棲み分け
自分の能力を活用できる貧困層	就労の意欲あり	マイクロファイナンス
	就労の意欲が持てない	カウンセリング、就労体験などによる自立支援＋生活保護など社会福祉⇒マイクロファイナンスへ
自分の能力を活用することが難しい貧困層（高齢や傷病など）	就労の意欲あり	生活保護など社会福祉
	就労の意欲が持てない	

し自立し得るからである。

他方、「自分の能力を活用することが難しい貧困層」、たとえば、就労の意欲はあっても高齢や傷病などで身体がいうことをきかず、働いて収入を得ることができないために借りたお金を返済できない人々は、主に公的セクターによる生活保護など社会福祉できちんと救済されなければならない。「自分の能力を活用することが難しい貧困層」は「保護と自立の両立」ではなく、保護にウェイトを置いて考えられるべきであろう。

このように考えると、「自分の能力を活用できる貧困層」にはマイクロファイナンスを、また、勤労の意欲はあっても高齢や傷病などのために「自分の能力を活用することが難しい貧困層」には生活保護など社会福祉を割り当てることで両者の棲み分けを図ることができる。マイクロファイナンスを借りても返済できない人々にはマイクロファイナンスは適さない。

また、マイクロファイナンスの対象として「生存権以下の貧困層」が優先されるにしても、それより所得の多い低所得者層（たとえば、生活保護基準の一・八倍以内の所得層など）も、自分の能力を活用でき返済能力のある人であれば、マイクロファイナンスの対象となり得るだろう。

Box 3　生活保護の財政

2011（平成 23）年度に生活保護を受けている世帯の数は約 150 万世帯、実人員の数は約 207 万人である（厚生労働省『平成 23 年度社会福祉行政業務報告（福祉行政報告）』）。これらの人々の生活保護予算は 2011 年度に 3.5 兆円に上る。生活保護費は、国が 4 分の 3、地方が 4 分の 1 を負担するので、国が 2.6 兆円で残り 0.9 兆円は地方が負担している。

第五章Iで述べたように、日本は欧米諸国に比べて生活保護の「捕捉率」（生活保護基準以下の収入で暮らす世帯のうち、実際に生活保護を受給している世帯の割合）が極めて低い。仮に、捕捉率を 20%として 2011 年度の実績値を基に生活保護基準以下の収入で暮らす世帯、人数を試算すれば、750 万世帯（150 万世帯÷ 0.2）、1,035 万人（207 万人÷ 0.2）となる。このうち、実際に生活保護を受給している 150 万世帯、207 万人を各々差し引けば、600 万世帯、828 万人が生活保護基準以下の収入で生活しているにもかかわらず、生活保護を受給していないことになる。

その場合、必要となる生活保護予算を機械的に試算すれば、17.5 兆円（＝ 3.5 兆円÷ 0.2）である。これは 14 兆円（＝ 17.5 兆円－ 3.5 兆円）の新たな財源が必要になることを意味する（左図表参照）。消費税に換算して約 6%分の増税に相当し、日本の防衛関係費（2011 年度予算で 4.8 兆円）や公共事業関係費（同 5 兆円）の各々約 3 年分の予算額に相当する。仮に捕捉率を 30%とすれば、新たに必要となる財源は 8.2 兆円（=3.5 兆円÷ 0.3 － 3.5 兆円）= 消費税 3%超相当になる。このように生活保護には潜在的に膨大な財政需要があり、その歳入を確保するために国民の理解を得ることは現実には極めて難しいと言わざるを得ない。

さらに、貧困対策には「最後のセーフティネット」と言われる生活保護だけでなく、年金・医療・介護など社会保障政策のほか雇用政策、中小企業政策、住宅政策、教育政策などが必要とされるが、これらに要する潜在的な財政需要は膨大なものになると見込まれる。歳出のムダを省き、政策の優先順位や予算配分を見直すにしても、公的セクターだけによる貧困対策には財政上限界があると言わざるを得ない。

しかし、公的セクターの限界は財政上のことだけではない。貧困層が貧困から脱却するには単に金銭的支援だけでは十分ではない場合が多い。貧困問題の解決のためには、金銭的支援だけではなく日常生活や経済上の自立支援など非金銭的支援が不可欠であるが、それをすべて国や地方自治体が行うことは機能的にも限界がある。

図表　生活保護の財政

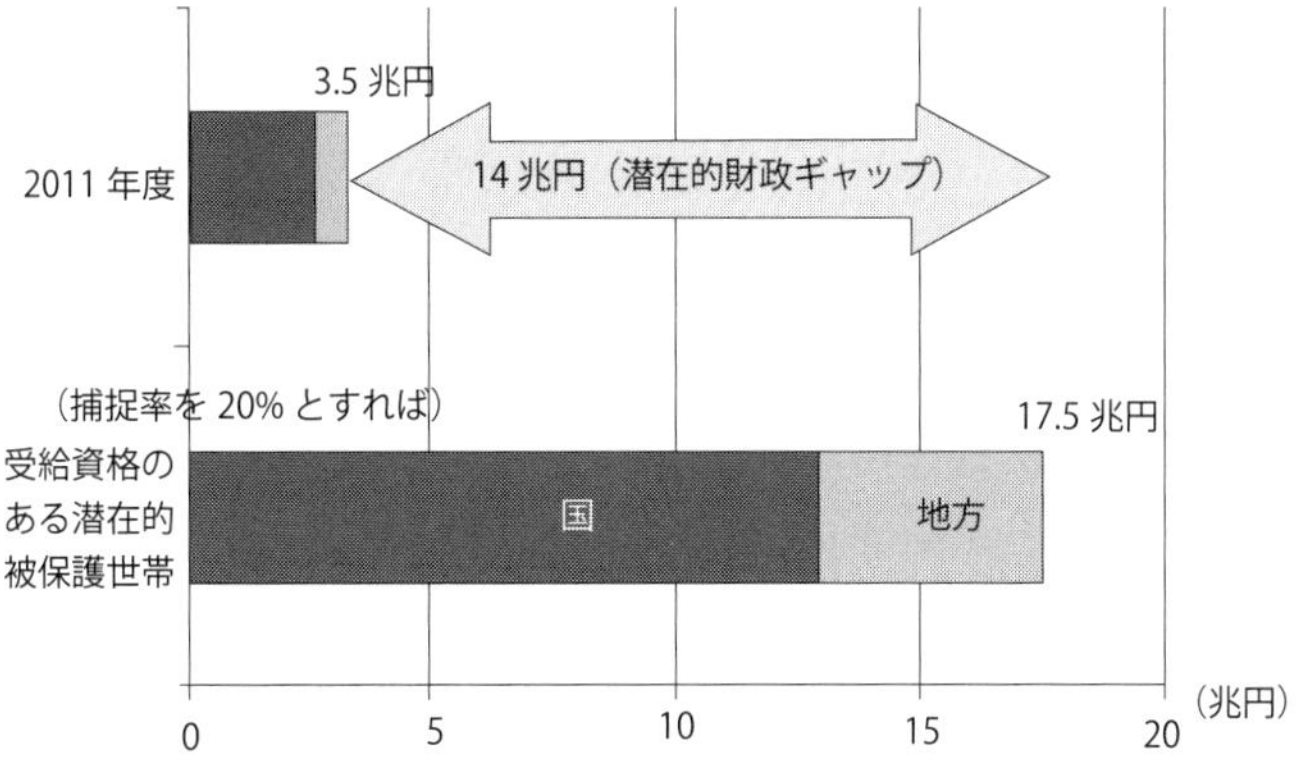

そのような人々も、これまで民間金融機関には融資対象とされず金融排除、社会的排除をされてきた人々で、マイクロファイナンスによって救済されてしかるべき人々である。

ただし、「自分の能力を活用できる貧困層」の中には、「就労の意欲を持てない人」もいる。これらの人には、カウンセリング、授産施設での就労体験、ボランティアなどによって、やる気や適性を見出す自立支援が必要になる。彼らは過去の挫折やトラウマなど心の傷を負っている場合も多く、かつ、そのような心の傷は簡単には治癒されないかもしれない。就労の意欲が生ずるまでの間は借りたお金を返済することは不可能である。家族など支える人がいなければ、就労の意欲が生ずるまでの間は、授産施設での就労やボランティアなどで不足する最低生活費との差は生活保護などで補うべきであろう。しかし、彼らは潜在的に自分の能力を活用できる人々であり、粘り強い自立支援によって、いずれマイクロファイナンスにより資金を借入れるようになることが期待される（図表5-7参照）。

II—日本・アメリカ・バングラデッシュの社会経済状況の相違点と共通点

以上見てきた日本の貧困の現状を踏まえて、バングラデッシュ、アメリカ、日本のマイクロファイナンスを巡る社会経済状況の相違点と共通点を考えてみよう。バングラデッシュとアメリカの比較については第四章IIで見たので、ここでは先進国としてのアメリカと日本の比較を中心に見ていき、その後、バングラデッシュ、アメリカ、日本の三国の比較を一覧表の形で総括することとする。

図表 5-8　OECD 諸国の移民人口比率（外国生まれの人口比率）

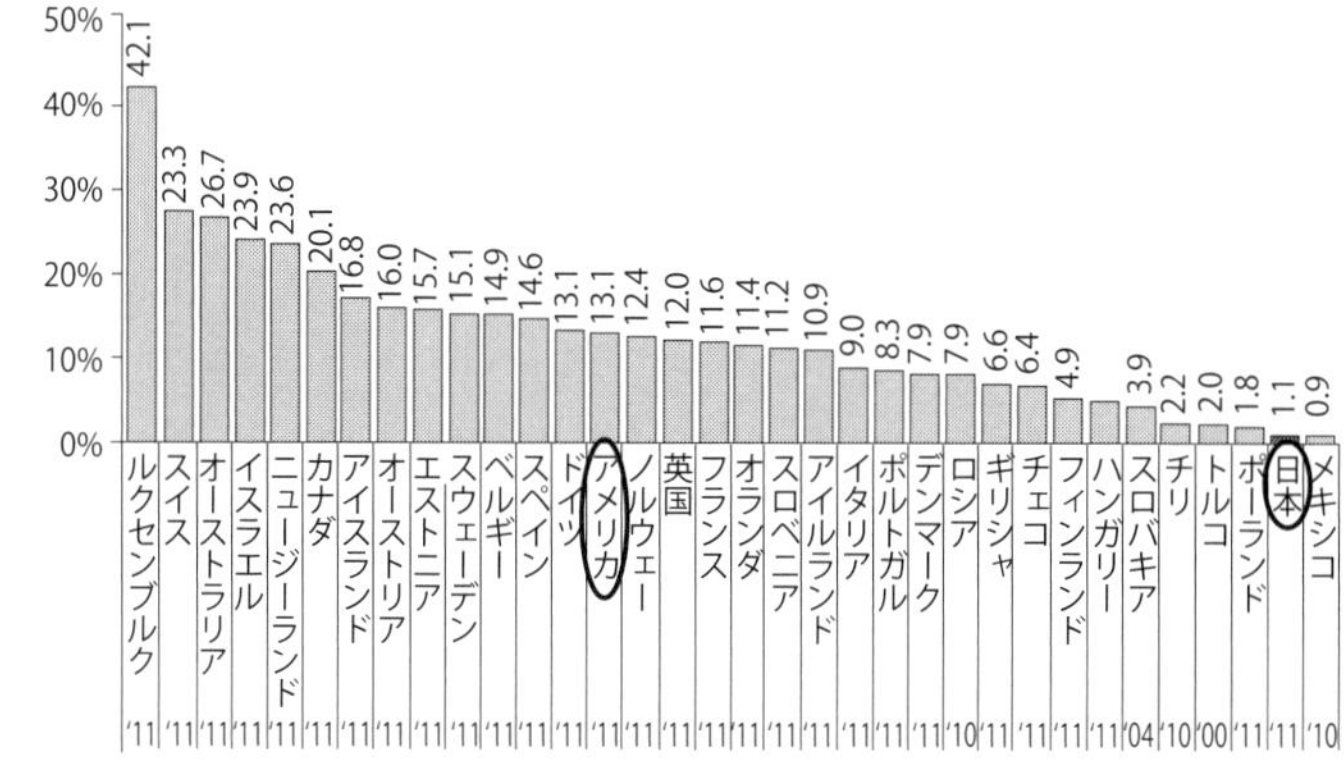

（注）OECD 諸国以外にロシアの値を含む。国名の下の数字は年次。

（出所）*OECD International Migration OutLook 2013*（メキシコは 2012）、日本は国立保障・人口問題研究所「第 7 回人口移動調査」（対象世帯数 15,4497、有効回収率 79.5% 1（11,353 世帯）

1．貧困の状況

アメリカと日本はともにOECDに加盟する先進国で、GDP世界第一位と第三位の経済大国である。二〇一二年現在、日本の人口、GDPはともにアメリカの約四割に当たり、各々一億二、七五六万人、五兆九、五九七億ドルである。また、日本の一人当たりのGDPは四六、七二〇ドルで、アメリカの五一、七四九ドルの約九割の水準である[3]（二〇一二年）。

　貧困の状況については、前節で見たとおり、日本は政府の公式発表による貧困ライン（可処分所得一一二万円、二人家族で一五八万円、三人家族で一九四万円、四人家族で二二四万円。厚生労働省「平成二二年国民生活基礎調査」）未満で生活する人は国民の六人に一人に当たる約二、〇〇〇万人（貧困率一六・〇％（二〇〇九年））である。アメリカの国民の七人に一人に当たる四、六五〇万人が貧困ライン（世帯年収が一人家族で一一、七二〇ドル〔二一七万円〕、二人家族で一四、九三七ドル〔一四九万円〕、三人家族で一八、二八四ドル〔一八三万円〕、四人家族で二三、四九二ドル〔二三五万円〕。国勢調査局。二〇一二年）以下で生活する貧困層の割合（一五・〇％）にほぼ匹敵する。OECDの発表による相対的貧困率も日本は一六・〇％（二〇〇九年）とアメリカの一七・四％（二〇一〇年）よりやや低いが、ほぼ同水準であり、貧困の状況については日本もアメリカも深刻な状況にある。

なお、移民については、第四章Ⅱで述べたとおり、アメリカは移民受け入れ国である一方、日本は図表5‐8のとおり極めて少ない。OECD諸国の移民人口比率（外国生まれの人口の比率）で最も高いルクセンブルク（四二・一％）に対し、アメリカは一三・〇％、日本は一・一％である。日本の場合、人数や比率は小さいが、在日韓国・朝鮮人、日系ブラジル人、日系ペルー人、フィリピン人、中国人等の外国人労働者や難民などの貧困に留意が必要である。

また、社会における所得分配の不平等を表す指標であるジニ係数（係数の範囲は〇から一で、係数の値が〇に近いほど格差が小さく、一に近いほど格差が大きい状態であることを意味する）については、税や社会保障などの再分配後の値で、アメリカが〇・三八と最も高く、日本は〇・三三である（OECD諸国の平均は〇・三一六〔二〇一〇年〕）。

2. 金融制度・金融機関・金融商品

アメリカも日本も先進国としての金融制度が整備され発達しているが、日本ではアメリカほど信用履歴が銀行口座開設、融資やクレジットカード発行などの金融取引、アパートの賃貸、携帯電話の契約等日常生活の中で頻繁に使われるわけではない。日本では、むしろ、融資に当たっては年収、勤務先、勤続年数、雇用形態などが重視される。信用履歴は、個人向け貸付けの総量規制（貸金業者からの借入残高が年収の三分の一を超える場合は新たな借入れはできなくなる仕組み）の中で指定信用情報機関の個人信用情報として利用されるが、銀行口座開設、アパートの賃貸、携帯電話の契約等では求められない。日本では一般に銀行口座の口座管理手数料や最低預入限度額の制約は少なく、銀行口座を開設すること自体は比較的容易である。

また、アメリカも日本も銀行、協同組織金融機関、証券会社、保険会社、ノンバンクなど多様な金融機関が存在し、預貯金、信託、証券投資信託、債券、株式、保険、年金など多様な金融商品のラインナップが用意され、発達した金融市場で金融取引が行われている。クレジットカードも一般によく普及している。しかし、両国ともに貧困層は金融排除されがちで、これらの人々には必ずしも十分な金融アクセスが確保されていない点は共通している。両国ともに、利益最大化を原理とする金融市場に委ねたままでは、貧困層は量的には不十分で、コスト（金利・手数料）も高い金融にしかアクセスできない点は共通している。

3. 社会保障制度

医療・年金・福祉などの社会保障制度は、アメリカや日本ではそれぞれの歴史的背景や事情に応じて一定程度整備されてきた。

貧困層に対するセーフティネットとしては、アメリカについては第一章Ⅱ-1で見たとおりであるが、日本でも医療・年金・介護・雇用など社会保険や生活保護など社会福祉がセーフティネットとしての役割を期待されている。近年の貧困の深刻化に応じて、二〇〇九年から生活福祉資金貸付制度で失業・離職等により生活に困窮する低所得世帯に対する貸付制度として総合支援資金が導入されたが、高い貸倒率と償還確実性が問題となっている。生活保護の低い捕捉率の下で、母子家庭やワーキングプアなどの稼働層が生活保護のセーフティネットからこぼれ落ちやすい日本の現状では、生活困窮者の「防貧」だけでなく、生活保護基準以下で暮らす貧困層の「救貧」が対策の急がれる課題である。

深刻化する日本の貧困問題に対しては、社会保障制度のほか、最低賃金・非正規労働・職業能力開発などに対する雇用政策、零細中小企業に対する中小企業政策、住宅手当・公営住宅整備など住宅政策、子どもの貧困などに対する教育政策など総合的なアプローチが必要である。しかし、政府や自治体でできることには財政的にも機能的にも限界がある中、公的セクターが行えることだけでは十分ではない。また、貧困層の側から見ても、アメリカのグラミン・アメリカの事例に見られるように、貧困層が選択できる金融アクセスのオプションが代替ないし補足手段として利用できることが必要であり、望まれることである。貧困が深刻化する日本でも、アメリカ同様、貧困に対する社会的包摂の手段としてマイクロファイナンスが必要とされている。

4. コミュニティ

アメリカについては、第四章Ⅱで述べたように、個人主義の傾向が強く、特に都市部では特定目的のクラブやボランティアなどのアソシエーションのコミュニティは見られるものの、一般に共同体意識が希薄化している。

日本でも高度経済成長とともに核家族化が進み、コミュニティの衰退が言われるようになって久しい。特に、都市部では人口は多く経済活動が活発でも、定着人口や居住地の昼間人口が少なく、地縁的なつながりや共通の価値観が生まれにくく、共同体意識は希薄化している。地方では地縁的なつながりは比較的強いものの、地方の都市化の進行とともに徐々に共同体意識の希薄化が進み、農村部では地域経済の縮小や人口の減少・高齢化によりコミュニティの維持自体が困難になってきているところもある。ただ、アメリカに比べて、日本では自治会、町内会、婦人会、子ども会など特定の目的を持たない地縁団体の活動が見られる。

他方、二〇一一年三月一一日の東日本大震災では相互扶助の精神の伝統の重要さが改めて認識された。コミュニティや人々のつながり・きずななどソーシャル・キャピタル（社会関係資本）をより重視する価値観が見直された。しかし、そのような価値観が災害時対応のようなみんなで協力しないと実施できないような取組みや利害・意見調整のためだけでなく、社会の中で人々の意識として見直されたのかどうかについてはさらなる検証が必要である。ただ、コミュニティや人々のつながり・きずなの回復は、さまざまな角度から今後模索されるべき道であろう。

5．起業のしやすさ

バングラデッシュなどの途上国では他人に雇われる仕事の機会が少ないために起業（自己雇用）を

図表 5-9　起業活動従事者シェアの国際比較

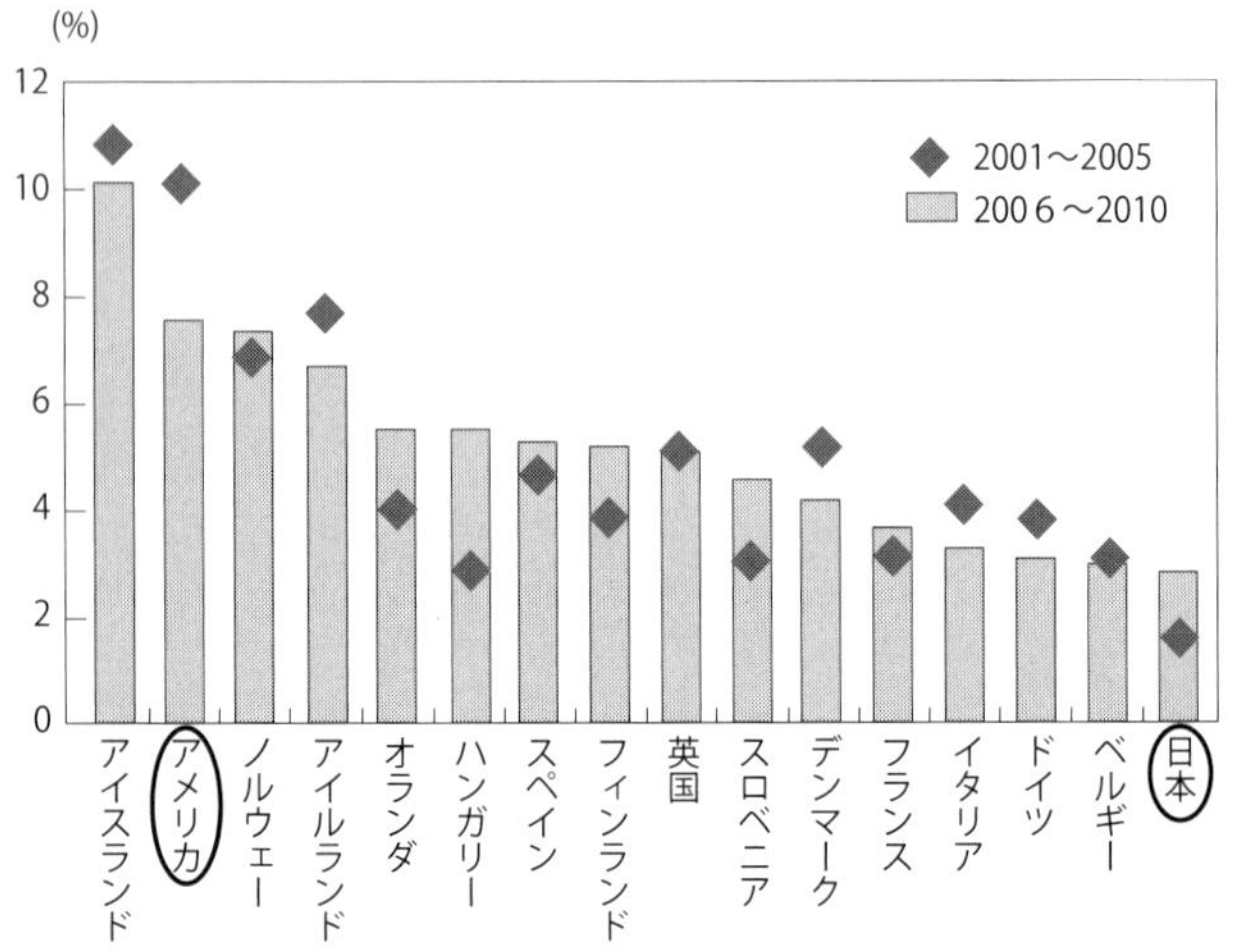

（出所）内閣府「平成 23 年度年次経済財政報告」（2011 年 7 月）、“Global Entrepreneurship Monitor Report” (GEM. 2001-2010)

選択するケースが多いのに対して、アメリカや日本などの先進国では市場が成熟し、大企業・中小企業を含めた競合相手との競争が激しく、他人に雇用される仕事の機会が多い。ただ、アメリカでは他の選択肢があるにもかかわらずチャンスを掴もうとして起業するケースが比較的多く見られる。アメリカと日本を比べると、図表5‐9のとおり、日本は起業活動が低調で起業活動従事者（一八〜六四歳人口に占める起業活動を行った者の割合〔事業開始前、または開始後三年半以内に限る〕）はOECD諸国の中でも最低水準で、二〇〇六〜二〇一〇年の平均でアメリカが八％であるのに対して、日本は三％程度である。

この要因としては、一つには労働市場の柔軟性の差が上げられよう。起業には高いリスクを伴うのが通常であるが、労働市場の柔軟

図表 5-10　物価水準（生活費）の比較

	バングラデッシュ	アメリカ	日本
消費者物価	52.56	100	125.88
消費者物価（家賃を含む）	42.07	100	117.13
家賃	18.70	100	97.65
レストラン価格	37.39	100	88.24
食料品雑貨価格	50.46	100	122.14

（出所）Numbeo "Cost of Living Comparison Between Two Countries" (http://www.numbeo.com/cost-of-living/compare_countries.jsp) (accessed March 18, 2014).

性が高い国、すなわち失業する者は少なくないが、一度失業しても就職先が見つけやすい国では起業に失敗してもやり直しが可能であり起業しやすい環境にあると言える。また、起業に関する知識やリスクテイク能力など個人の意識の面では、日本では自ら起業スキルを持っている、あるいはとりあえずやってみようと考える者が少ない傾向にある。

ただし、マイクロファイナンスを巡る社会経済状況の相違を考える場合には、第三章で見たように起業やビジネス（仕事）と言っても、もっとインフォーマルなもので、毎日の生活費を稼いで暮らしていくための「生業」であることが多いことに留意が必要である。生業などインフォーマルな仕事は利益率が高くなくても「貧困の連鎖」や「貧困のワナ」と呼ばれるアリ地獄から脱却するには十分役に立つ。これらは、アメリカでも日本でも意外に身の回りにも存在し、自分の得意なことや経験を活かして何らかの仕事や生業を見つけることは貧困層にとっても可能である（第五章Ⅲ のＢｏｘ４参照）。また、第三章で見たように、一つの仕事だけに頼るのではなく、副業として複数の仕事をすることも貧困層の所得創出に役に立つ。これは就業形態が多様化し、雇用者の賃金が伸び悩む社会経済状況であればなおさらである。生業などインフォーマルな仕事はそれを通じてスキルやノウハウを身につけ、将来の開業に備えるという側面もあるだろう。

6. 物価水準（生活費）

消費者物価は、図表5-10のとおり、アメリカを一〇〇とすると日本は約二五％高い。家賃やレストラン価格は日本の方が安いが、日常生活に密接な食料品雑貨価格は一二一・一四と消費者物価水準と同様に日本の方が二割以上高い（二〇一四年二月）。

以上、アメリカと日本のマイクロファイナンスを巡る社会経済状況の相違点と共通点を見てきたが、第四章Ⅱで見たことと併せてバングラデッシュ、アメリカ、日本の社会経済状況の相違点と共通点を一覧表にすれば、図表5-11のとおりである（▒［シャドー部分］がアメリカと日本の主な相違点）。

これまで見てきたように、バングラデッシュ、アメリカ、日本のマイクロファイナンスを巡る社会経済状況には相違点も共通点もある。第四章Ⅲで見たように、アメリカでも、グラミン・アメリカを始める前にはバングラデッシュとアメリカの社会経済状況の違いを強調してアメリカでできない理由、失敗するだろう理由がたくさん挙げられた。

アメリカと日本の場合も同じように、違いを強調すれば、アメリカでできても日本ではできない理由はいくらでも挙げることができるだろう。たとえば、日本はアメリカと違って、移民がほとんど

図表 5-11　バングラデッシュ、アメリカ、日本の社会経済状況の比較

	バングラデッシュ	アメリカ	日本
貧困	・1日1ドル未満で生活する人の割合は 61% (1983 年)、43%（2010 年）。 ・1日2ドル未満で生活する人の割合は 90% (1983 年)、77%（2010 年） ・1人当たり GDP は 192 ドル (1983 年)、752 ドル（2012 年）。	・貧困ライン以下（11,720 ドル /1 人家族）4,650 万人、貧困率 15.0%、国民の約 7 人に 1 人が貧困層。 ・相対的貧困率（OECD 発表）：17.4%（2010 年）。そのうち、56%に当たる 2,584 万人が女性で、その多くが一家の家計を支えている。 ・アフリカ系及びヒスパニック系アメリカ人の 4 人に 1 人以上が貧困層。	・生活保護受給者：216 万人（2013 年 11 月） 生活保護基準以下（非受給）：504 万人（捕捉率 30%）、866 万人（捕捉率：20%） ・貧困率：16.0%。国民の 6 人に 1 人＝約 2,000 万人が貧困ライン以下の生活（2009 年）＝政府発表。 ・母子家庭は半数以上が貧困（OECD 加盟の先進国中最悪）。 ・ワーキングプアが多い－年収 200 万円未満の雇用者数は 1,782 万人 (2012 年)、非正規雇用者は 36.6% (女性は過半数)(2013 年)。
移民	移民送り出し国	移民受け入れ国。移民人口は約 4,000 万人。	ほとんどいない
金融制度・金融機関・金融商品	整備が遅れている	・非常に発達している。 ・地域再投資法（CRA）などの政策支援もあり。	・アメリカほどではないにしても非常に発達している。 ・マイクロファイナンスを巡る法制度や政策支援は遅れている。
銀行口座	持っていない人が多い	広く持たれているが、約 3 割が銀行口座を持っていない	銀行口座を開設すること自体は比較的容易
クレジットカード	未発達	一般に普及	一般に普及

社会保障制度	未発達	一定程度整備	一定程度整備
コミュニティ	共同体意識が強い	共同体意識は希薄（特に都市部）	共同体意識は希薄（特に都市部）
起業のしやすさ（自己雇用）	比較的やさしい。インフォーマルなビジネス（仕事）が多い。	・市場が成熟し、大企業・中小企業を含めた競合相手との競争が激しい。 ・フォーマルな仕事が多いと思われているが、インフォーマルな仕事も存在。	・市場が成熟し、大企業・中小企業を含めた競合相手との競争が激しい。 ・フォーマルな仕事が多いと思われているが、インフォーマルな仕事も存在。 ・失敗すると復活が難しいと思われているので、チャレンジ精神を発揮して起業しにくい？
物価水準（生活費）	消費者物価 52.56	消費者物価 100	消費者物価 125.88
人件費	低い	一般的に高い。職種によっては低賃金。	一般的に高い。職種によっては低賃金。賃金の低い非正規雇用が拡大。
言語	ベンガル語（公用語）。イギリス連邦として英語は準公用語。	英語。 スペイン語も広く使われている。	日本語。 日常生活で英語が通じにくい（非英語圏）。
寄付文化	—	発達	発展途上

いない、銀行口座は誰でも持てる、失敗すると復活が難しいと思われているのでチャレンジ精神を発揮して起業しにくい、非英語圏で英語が通じないのでグラミン銀行の精鋭スタッフが来てくれても言葉の壁に直面するのではないか、寄付文化が育っていないのでファンドレイジングが難しい等々……。

図表5・11の社会経済状況に関するアメリカとの主な相違点について、それが日本でマイクロファイナンスを行えない理由になるのかどうか、以下検討してみ

よう。

(1) 移民の有無

アメリカが移民人口約四、〇〇〇万人の移民受け入れ国で、メキシコなどのヒスパニック系、フィリピンやインドなどのアジア系の移民の中に貧困に苦しむ人々が多いのは事実である。第一章Ⅰで述べたように、貧困率は黒人二七・二％、ヒスパニック系二五・六％、アジア系一一・七％、非ヒスパニック系白人九・七％となっており、黒人、ヒスパニック系の貧困率がアメリカ国民全体の貧困率一五・〇％よりも高い。

しかし、アメリカの貧困は今や移民だけに限ったことではなく、人種にかかわらず広くかつ深刻な社会問題になっている。グラミン・アメリカの借り手も移民だけではない。

一方、日本の貧困は第五章Ⅰで見たように、国民の六人に一人の約二、〇〇〇万人が貧困ライン以下の生活をしており、非正規社員の増加によるワーキングプア、若い女性たちやシングルマザーに広がるサイレント・プア、毎月のように過去最多記録を更新する生活保護受給者など貧困は深刻化し、マイクロファイナンスを活用して救済できる貧困層は日本に多数存在している。

(2) 法制度や政策支援の遅れ

アメリカにある地域再投資法（ＣＲＡ）などの法制度や政策支援の整備が日本で遅れているのは事実であり、第五章Ⅳで後述するとおり、今後、取り組みを加速させる必要がある。ただし、法制度や政策支援がマイクロファイナンスの普及を促進することは確かであるが、それが遅れているからと言って日本でマイクロファイナンスができない理由にはならない。法制度や政策支援の整備がなされていなかったバングラデッシュのグラミン銀行を考えれば、法制度や政策支援がないことがマイクロファイナンスをできないことを正当化する理由にはならないだろう。

他方、法制度や政策支援はマイクロファイナンスをスタートさせ実施する上で大きなブースターになることも確かである。マイクロファイナンスを巡る法制度や政策支援は貧困問題の対策を進める上で、今後さらに整備していくべき課題である（第五章Ⅳ参照）。

(3) 銀行口座開設の容易さ

日本ではアメリカに比べて銀行口座の開設自体は比較的容易であるが、だからと言ってマイクロファイナンスが日本で不要だとか不可能だとかいうことにはならない。むしろ銀行口座開設の容易さは貯蓄プログラムなどマイクロファイナンスを実施する上でメリットになる。日本では、銀行口座は持っていても二人以上の世帯で金融資産を持っていない人は約三割に上り（金融広報中央委員会「家計の金融行動に関する調査」〔二〇一三年〕）、母子家庭の約三割は貯金がゼロである（厚生労働省「平成二三年度全国母子世帯等調査」）ことなどから分かるとおり、貧困層の資産形成が必要とされている。

(4) 起業のしにくさ

第五章Ⅱで述べたとおり、アメリカも日本も市場が成熟し、大企業・中小企業を含めた競合相手との競争が激しいが、起業やビジネス（仕事）と言っても、毎日の生活費を稼いで暮らしていくための生業などインフォーマルな仕事は両国ともに存在する。自分の得意なことや経験を活かして何らかの仕事や生業を見つけることは可能である（第五章ⅢのＢｏｘ４参照）。

(5) 物価水準の違い

両国の物価水準の相違は融資金額などマイクロファイナンスの融資スキームで調整することができる。

(6) 英語の普及度

日本はアメリカと違って、非英語圏のため日常生活で英語が通じにくいので、英語を話すバングラデッシュ出身のグラミン銀行の精鋭スタッフが日本に来てくれても言語の壁に直面するのではないかということについては、シャー・ネワズ・オペレーション ＣＥＯによれば、通訳をつければ何も問題はないとのことである。日本語と英語の併記など手間はかかってもいくらでも工夫が可能である。

なお、日本でグラミン型マイクロファイナンスを行う場合、バングラデッシュのグラミン銀行からスタッフの派遣を受けサポートを得られれば大きな支えになることは間違いないが、グラミン銀行のスタッフの存在が不可欠というわけではない。仮にスタッフがいなくても、これまでグラミン銀行やグラミン・アメリカに蓄積されたノウハウをもとに運営していくことは可能であろう。

(7) 寄付文化の違い

日本はアメリカに比べて、確かに寄付文化が発展途上かもしれない。マイクロファイナンスの資金調達のためのファンドレイジングはアメリカでも容易ではないが、確かに日本では決して簡単ではないだろう。いや、むしろ相当難しいことを覚悟しなければならないだろう。

オバマ大統領がユヌス博士に大統領自由勲章を授与（ホワイトハウスにて。2009年8月12日）

（出所）グラミン銀行

しかし、マイクロファイナンスの意義、その必要性と有効性、具体的な実施方法などを広く理解してもらい、寄付を含めた多様な資金調達の道を模索しながら、あらゆる努力をしてファンドレイジングしていく以外にはない。

アメリカはグラミン・アメリカを含めたユヌス博士の内外での活動と貢献を評価し、文民に贈られる最高位の勲章である大統領自由勲章（Presidential Medal of Freedom. 二〇〇九年）と議会名誉黄金勲章（Congressional Gold Medal. 二〇一三年）をユヌス博士に授賞し顕彰している。ここで忘れてならないことは、グラミン・アメリカはマイクロファイナンスやソーシャルビジネスというバングラデッシュ発の考え方、技術、ノウハウが優れたものであったから実現したというだけでなく、アメリカの国と人々がそれを優れたものとして受け入れ、創り上げ、発展させたからこそ実現したという点である。このアメリカの国と人々のキャパシティの大きさ、チャレンジ精神、行動力は日本へのインプリケーションを考える上で極めて重要であるように思われる。

グラミン銀行とグラミン・アメリカに共通することは、マイクロファイナンスが成功するかどうかの最も重要な要因が人間を信じられるかどうかにかかっている、ということである。ユヌス博士は「バングラデッシュと同じくアメリカでも、貧しい人たちほどお金を必要としているのに、高利貸しや質屋を除けば、彼らにお金を貸したがる人は誰もいませんでした。だから、私たちがそのお金を親身になって差し出した時、彼らは『感謝』し、『信用』してくれ、そこで相互の信頼関係が成り立った。つまり、この『相互の信頼関係』こそが、バングラデッシュで始まって今やアメリカにまで及んだ、マイクロファイナンスが成功した一番の理由だと私は考えています」と言っている[4]。しかし、これまでの銀行の常識から言えば、この「相互の信頼関係」こそが最も信じ難いことではないかと問われ、ユヌス博士は次のように応えている。「そう、だからみんなは『絶対に失敗する』と言ったんでしょうね。でも私は、ずっと『そ

議会名誉黄金勲章を授与されるユヌス博士と米民主党・共和党の両院議会指導者（国会議事堂にて。2013年4月17日）

（出所）ユヌス・センター

れは違う。皆、同じ人間だから』と言い続けました。そして、私たちは足を運び、アメリカに『信用の文化』を作り上げたんです。『互いに信用し合うという新しい習慣』を確立したんですね。たとえばニューヨークは、さまざまな違う国から来て、お互いを知らず、お互いのルーツの言語を話すことができない。だから、彼らはどこの国の人よりも防衛心が強くなるし、隣人が誰かも知らず、隣人が自分に対してすることに疑いを覚えるようになっていた。それが、私たちが最初にニューヨークに出向いた時の人々との距離感です。けれども、まずはお互いに紹介し合うことから始めて、『隣人同士五人が一組になって、無担保・低金利で少額融資を受ける』というマイクロファイナンスの説明を根気よくしていくうちに、最終的には誰が隣に住んでいるのか分かるようになり、友達になり、さらにはお互いの故郷についてさえ理解をし始めたんですね」。

III―日本への応用可能性

以上のアメリカと日本のマイクロファイナンスを巡る社会経済状況の相違点と共通点を踏まえて、グラミン・アメリカのビジネスモデルを日本に応用することはできるかどうか、もし、応用できるとすれば、どこを変更・修正しなければならないのか、考えてみよう。

1.「グラミン日本」のビジネスモデル

マイクロファイナンスを実施する上で最も重要な技術的な要素は、ターゲットをどこにするか、ターゲットとなる人々のニーズは何かを明確に理解することである。その理解の上に立って、マイクロファイナンスの具体的なスキームも決まってくる。

ターゲットとなる人々は新しく事業を始めるのか、それとも既存の事業を営んでいるのか、ターゲットとなる人々は所得を安定させるために零細・小規模事業を必要とするワーキングプアか、トレーニングのニーズは何か、コミュニティには十分なソーシャル・キャピタルがありグループ内で信頼を確立することができるのか、初期のローンにはまず信頼関係を構築する必要があるのか、それとも十分な信頼関係がすでに醸成されているのかなどを事前に検討する必要がある[5]。

このことを念頭に置きながら、同じ先進国のアメリカで行われているグラミン・アメリカのビジネスモデルを参考に「グラミン日本」のスキームとしてはどのようなモデルが考えられるのか検討していくこととしよう。

(1) 組織形態

グラミン・アメリカは将来的にはグラミン銀行のように預金を受け入れることのできる預金取扱金融機関としてクレジット・ユニオンを目指しているが、当初は非営利組織(Non-Profit Organization)としてスタートした。グラミン日本もさまざまな組織形態が考えられるが、グラミン・アメリカのようなNPOは有力な選択肢である。ただし、NPOであってもスタッフの給与等労働条件は競争的な労働市場で得られる標準以上のものにするよう留意することが必要である。日本ではＮＰＯと言うと、低水準の給与や必ずしも良好でない労働条件であることが少なくないが、ユヌス博士のソーシャルビジネスの七つの基本原則（第四章Ⅳ参照）の「スタッフは競争的な労働市場で得られる報酬と標準以上の労働条件で働くことができること」にあるように十分な配慮が必要である。これは優秀な人材を確保するためにも、また、ソーシャルビジネスの七つの基本原則の一つ「楽しみながら仕事をする」ためにも重要である。

⑵ 資本（資金調達）

グラミン・アメリカ同様、当初は寄付、贈与、融資などによって主たる融資原資や運転資金を確保する。シードマネーとして基金、補助金、預託金などの可能性も模索する。

グラミン・アメリカの場合、第一号支店として二〇〇八年に開設したジャクソン・ハイツ支店が事業収入で事業コストを賄ってサステナブルになったのは、設立五年後の二〇一三年であった。このように数年後にサステナブルになることを目標にする。

資金調達方式としては、クレジット・ユニオン方式、消費者信用生活協同組合方式、コミュニティ・ファイナンス方式、コミュニティ・ボンド方式、クラウド・ファンディング方式、ＮＰＯバンク方式、コミュニティ・ファンド方式、公益信託方式などが考えられるが[6]、新規に短期間で組織を立ち上げるグリーン・フィールド型（マイクロファイナンス機関を新設する）の場合、グラミン・アメリカの資金調達方式が参考になる。既存組織を活用してマイクロファイナンス機関を始めるアップグレード型（最初はＮＰＯとしてスタートしたマイクロファイナンス機関が銀行にアップグレード）、ダウンスケール型（既存の金融機関がマイクロファイナンスに参入）、リンケージ・バンキング型（既存銀行がマイクロファイナンス機関と連携・協調）の場合には、既存組織のリソースを活用できるかもしれない。

(3) 融資対象

グラミン・アメリカやグラミン銀行同様、①貧困ライン以下で暮らす人、②事業を始めたり維持・拡大する意欲のある人に対してマイクロファイナンスを融資する。

具体的には、生活保護基準以下の収入で生活しているにもかかわらず、生活保護を受給していない人たちを対象とする（救貧）。また、生活保護基準の近辺で暮らす人たちも対象とする（防貧）。当初は母子家庭、ワーキングプア、障がい者、高齢者、失業者、サイレント・プア等で、働く意欲と能力のある女性を対象にスタートする。

次のステップとして、父子家庭の男性も五人組のグループを作ってグラミンの規律を守れる人は対象になり得る。事業がサステナブルになったら、ホームレス等に拡大するなどのシークエンシング（順序付け）を検討する。

マイクロファイナンスは貧困削減、そして貧困などによって金融排除や社会的排除された人々の社会的包摂が目的である。コミュニティや人々のつながりやきずなを回復し、ソーシャル・キャピタルを作り直すための手段にもなり得る。

⑷ 融資金額

グラミン・アメリカ同様、最初の融資は一五万円を上限にすることも考えられるが、物価水準（アメリカの約一・二五％）などを勘案して、グラミン・アメリカの二割増しの二〇万円を上限としてスタートしてもよいかもしれない。二回目の融資からは返済実績等に応じて増減するスキームは継承する。その後、実施状況を見ながら必要に応じて修正していくという基本姿勢で臨む。

ちなみに、一五〜二〇万円という金額は母子世帯の平均年間就労収入約一八〇万円（図表5−5参照）の一カ月分超に当たること、母子家庭の貯金額は三割が貯金ゼロ、約半数が「五〇万円未満」であること、副業として仕事を始めたり維持・拡大する場合もあることなどを考慮すれば、一定の需要を満たせる額であると考えられる。

融資金額一五〜二〇万円でできることは限られているかもしれないが、何もない、何もできない「貧困のワナ」の状況から脱却し、ソーシャル・ネットワークの形成によりコミュニティや人々とのつながりを回復するきっかけとなり得る。

⑸ 融資期間

グラミン・アメリカの事例を変更しなければならない特段の理由がないことから、六カ月または一年でスタートする。

⑹ 金融商品

グラミン・アメリカ同様、単一の融資商品でスタートする。状況を見ながら、借り手のニーズに合った金融商品のラインアップを充実する。

⑺ 担　保

グラミン・アメリカ同様、無担保、連帯責任。審査（screening）と債権管理（monitoring）取引コストを抑え、できるだけ低金利を実現する。

⑻ 融資形態

グラミン・アメリカやグラミン銀行同様、グループ・レンディングを採用。五人組のグループのメンバーは徒歩五分圏内に居住していることを条件とする。集合住宅、子どものつながりなどでグループを形成することが可能な女性を対象とする。場所によっては、毎週センター・ミーティングで会える限りにおいて、グラミン・アメリカのサンフランシスコ支店の例のように自動車で五分圏内に条件緩和することも検討の余地があるだろう。

また、グループ・レンディングは、日本の場合、反社会的勢力や詐欺の参入を防止するのに一定の効果が見込める。グループ・レンディングのプロセスの中で反社会的勢力等はスクリーニングにかけられる可能性が高くなる。また、五人組のグループ形成、事前研修、毎週のセンター・ミーティングへの参加などは借り手にとってエントリーポイントが高く、手間暇がかかる割には少額の融資であるため、反社会的勢力等にとっては割に合わないと考えられるかもしれない。

借り手の便宜とグラミン日本の組織のサステナビリティとのバランスが必要であり、「五人組のグループ・レンディングを採用してマイクロファイナンスが機動的にワークしないリスク」と「五人組のグループ・レンディングを採用しないで反社会的勢力・詐欺の介入や貸倒れのリスク」とを比較考量する必要がある。

(9) 融資順番

グラミン・アメリカの事例を変更しなければならない特段の理由がないことから、二：三方式でスタートする。すなわち、最初、二人が融資を受け、この二人が毎週きちんと返済をすれば、二週間後に残りの三人も融資を実行される。この間、残りの三人は融資を受けておらず、返済する義務が発生していないが、それでも五人全員がセンター・ミーティングに出席しなければならない。残りの三人は最初の二人がきちんとセンター・ミーティングに出席し返済しないと自分たちが融資を受けられないので、最初の二人はきちんと返済するように残り三人からピア・プレッシャーを受ける。日本の社会でのピア・サポートとピア・プレッシャーの状況を見ながら、必要に応じて修正する。

(10) 融資金利

貧困層にできるだけ低金利でマイクロファイナンスを提供する。他方、スタッフを雇い、事務所経費など運営コストを賄うために必要な事業収入を上げ、数年間で外部資金に依存しない経営ができる

図表 5-12　利息制限法、出資法の上限金利

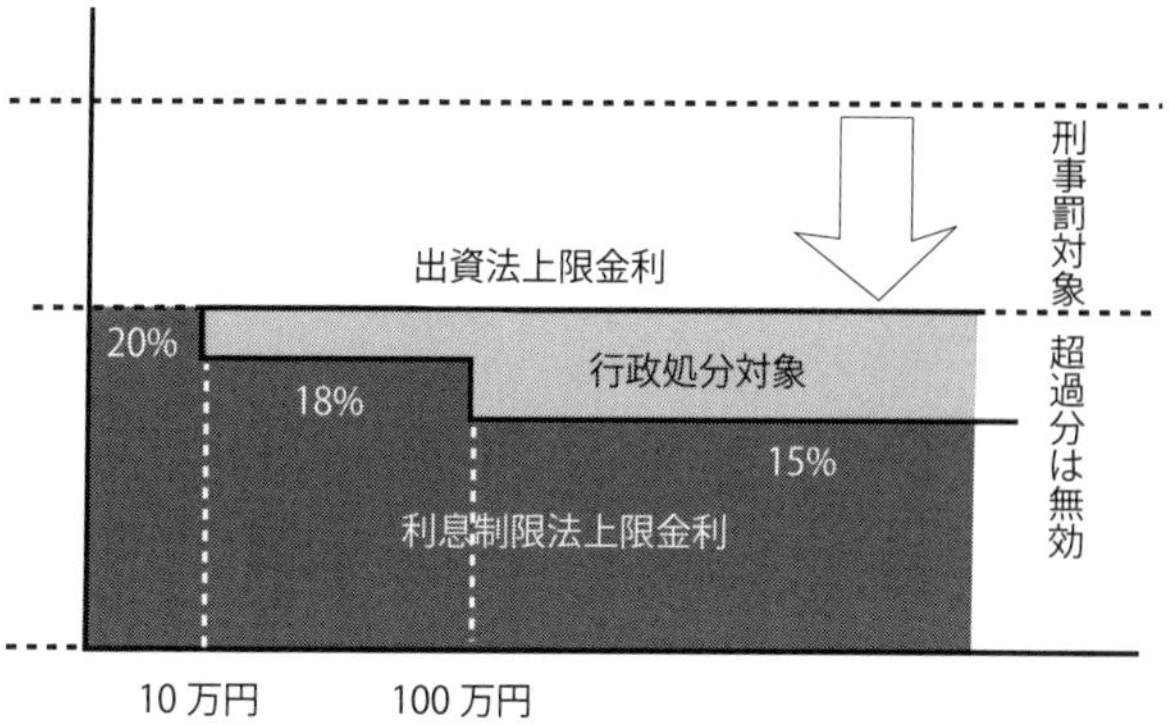

ようにすることも念頭に置いて融資金利を決定する。利益最大化を目的とした融資金利の設定はしない。

具体的には、損益分岐（break-even）融資金利水準は次の式で得られるので、[7]この金利水準を参考にしつつ、私的利益最大化を目的とする金利水準以下の融資金利とする。

損益分岐融資金利水準＝｛（グロスの平均調達金利）
＋（貸出に関する平均管理費用）
＋（毎期の返済シェア）×（平均貸倒率）｝／｛1－（平均貸倒率）｝

内部管理コストの削減や事業継続のための資本増強など財務体質強化の努力をしつつ、効率的な経営によってできる限り低い融資金利を追求する。

また、日本の場合、貸金業の上限金利は、

①上限を超えた金利が無効となる利息制限法（上限金利は貸付け額に応じて年一五～二〇％。元本一〇万円未満：年二〇％、元本一〇万円以上一〇〇万円未満：年一八％、

元本一〇〇万円以上：年一五％）

②刑事罰の対象となる上限金利を定めた出資法（上限金利（改正前：二九・二％））の二法律で規制されている。貸金業法の改正により、二〇一〇年六月一八日以降、出資法の上限金利が二〇％に引き下げられ、①と②の間のグレーゾーン金利が撤廃されたことにより、上限金利は①で定められた水準（貸付け額に応じて一五～二〇％）である。

なお、貸金業法（第六条第一項第一四号）により貸金業者登録の最低純資産額は五、〇〇〇万円であるが、この純資産額規制の例外の適用を受けようとすれば、非営利法人の組織形態を取り、融資金利が七・五％以下であること等を条件に純資産額は五〇〇万円以上あればよい。

⑾ **資金使途**

グラミン・アメリカ同様、所得創出（any income-generating activities）にローンを使用することに限定する。

資金使途が所得創出ではなく消費に費消されるのであれば、無担保のローンが返済されるあては小さくなる。貧困層に所得創出の機会をマイクロファイナンスによって提供するのが目的である。

⑿ **返済方式**

グラミン・アメリカ同様、返済方式は毎週返済。返済はローン実行一週間後から開始する（据置期間は一週間）。この返済方式に向く仕事もあれば、向かない仕事もあるだろうが、少なくとも当初は、

Box 4　日本の借り手のビジネス（仕事）の例

日本の場合、マイクロファイナンスで金融へのアクセスが確保されたとしても、これまで金融排除されてきた母子家庭、ワーキングプア、障がい者、高齢者、失業者、サイレント・プア等で、働く意欲と能力のある女性はどのようにして収入を得て、ローンを返済できるのだろうか？

収入を得る一つの道は、他人に雇われて賃金や給与を得ることである。企業には雇用の場を提供するという社会的機能があるが、それは経済状況に左右される。特に、不況期には企業は生産調整を行うため雇用の機会は減少する。このような時には社会的に弱い立場の人たちが最も影響を受けやすい。第5章Iで述べたように、女性の被雇用者は過半数が非正規雇用であり、その8割が年収200万円未満である（2012年）。シングルマザーの約4割がパート・アルバイト等に従事しているが、手に職や資格を持たないシングルマザーや50歳を超えた女性たちの就職先は極めて限られているのが実情である。

しかし、日本でもこれらの人たちに積極的に雇用の場を開いている企業もある。ここでは、筆者が関わらせてもらっているNPOのFDA（Future Dream Achievement）理事長である渡邉幸義氏が社長を務めるアイエスエフネットの取組みの例を紹介したい。

アイエスエフネットはIT企業であるが、ニート・フリーター、障がい者、ワーキングプア、引きこもり、高齢者のいわゆる就職弱者の「5大採用」を目標に掲げ、2010年2月にこの目標を達成した。その後、それに加えてボーダーライン（軽度な障がいで、障がい者手帳を持っていない人）、ドメスティック・バイオレンス被害者、難民、ホームレス、小児がん経験者の「10大雇用」の実現を目標に掲げ、さらにユニーク・フェイス（見た目がユニークな人）、感染症の人、麻薬・アルコール等中毒経験者、性同一性障害、養護施設等出身者、犯罪歴のある人、3大疾病、若年性認知症、内臓疾患、その他就労困難な人（難病、失語症、生活保護）の「20大雇用」に取り組んでいる。約3,000人のグループ従業員のうち、元就職弱者は約1,100人で、2014年には障がい者など就職弱者約800人を採用する方針である。

仕事に適した人を雇うのではなく、技術はなくとも意欲のある人材をまず雇用し、その人に合った仕事を作る「仕事の切り出し」を行っている。「仕事の切り出し」とは、グループ内の仕事を難易度や緊急性、重要度などによって細分化し、障がい者などでも能力を発揮しやすい仕事を用意することである。常時、300以上の切り出された仕事を用意している。得意・不得意なこと、障がいや病気の状態、生活環境などを本人や親などから細かくヒアリングし、できるものを探すことによって仕事を見つけ、全員が戦力になっていることを誇りにしている。障がい者などが健常者以上の能力を発揮できる仕事を見つけ評価することで、グループ全体に笑顔と明るい雰囲気が生まれ、正の相乗効果を生んでいる。障がいの程度や得意・不得意に応じて従業員が働けるようカフェやレストラン事業などの受け皿も用意している。

これらの取組みの結果、アイエスエフネットは2000年に企業を設立して以来、黒字経営を継続している。

一般に他人に雇用される仕事の場合、その就職準備等にはある程度お金が必要とされても、給料や賃金として安定した収入を得られれば事業資金としてのマイクロファイナンスは必要とされないかもしれない。しかし、パートやアルバイトなどの非正規雇用で低賃金しか得られないワーキングプアの場合、副業として、あるいは転職して新たにマイクロビジネス（零細事業）を始めるような時にはマイクロファイナンスが必要となる。マイクロファイナンスのローンを借りて最初はわずかな利益しか得られなくとも、とにかくやってみることが貧困から脱却するきっかけになる。

働く意欲と能力のあるシングルマザー等が行う仕事としては、ワーカーズ・コレクティブの取組みが参考になる。

ワーカーズ・コレクティブとは、働く者同士が共同で出資して、それぞれが事業主として対等に働く組織のことである。地域や社会に必要とされるニーズを掘り起こして事業化し、その収入で人件費や運営費を賄っている。全国で500以上のワーカーズ・コレクティブが下記のような事業を行っている(8)。これらは第3章で見たアメリカの借り手の女性たちのビジネスともかなり共通しているが、共同でみんなで話し合いながら自主管理するという特徴は日本の社会には親和性があるかもしれない。

これらの事業の中にはワーカーズ・コレクティブとしてではなく、マイクロファイナンスのローンを借りた女性が単独で起こすことができる事業も多い。

・食料品製造・販売・調理関係

仕出し弁当、惣菜、手作りパンの店、レストラン、カフェ、焼き菓子・ジャムなどの製造販売、幼稚園・学生寮・高齢者マンションなどでの食事作りなど

・高齢者・障がい者支援関係

居宅家事援助・介護サービス、施設での介護サービス、移動サービス、高齢者

に食事を届ける配食サービス、介護施設での食事作り、居宅介護支援事業所などど

・子育て支援関連事業

託児、保育、学童保育、児童デイサービス、女性・子育て支援など

・市民文化関連事業

健康体操指導、絵本販売、衣類縫製・リメイク、スーツ採寸、健康指導、鍼灸、薬局、葬儀コーディネート、事務業務受託など

・環境事業

リサイクルショップ、安全な石鹸で清掃事業、安全な住まい作り・リフォームの相談・施工、リユース食器レンタルなど

・情報発信関連事業

印刷物やホームページなどの編集・製作など

・生協委託業務

配送、店舗運営、施設管理など

本返済方式に応じることができる人を対象にして開始し、その後、必要に応じて修正していく。センター・ミーティングは毎週開くことを基本として、二週間に一回の返済などのバリエーションはあり得よう。

⒀ 返済率

返済率については、グラミン銀行は九七%(二〇一一年)、グラミン・アメリカは九九・八%(二〇一三年八月)であり、グラミン日本もできるだけ高い返済率(できるだけ低い貸倒率)を目標とする。

マイクロファイナンスが無償の慈善事業とのイメージを持たれてしまうと、最初から返済の意思のない借り手が顧客になりやすい。そうなれば、マイクロファイナンス事業からの元利回収が難しく組織自体がサステナブルでなくなるばかりでなく、それがさらに無償の慈善事業とのイメージを

助長し悪循環に陥ることになる。

⒁ **貯蓄の奨励**

グラミン・アメリカ同様、少額貯蓄（最低二〇〇円／日）を奨励する。借り手の自分名義の銀行口座に貯金する。

一日二〇〇円の貯蓄に意味があるのかと思われるかもしれないが、借り手に貯蓄の習慣をつけ資産を形成してもらうほか、グループとしての規律を守りソーシャル・ネットワークを形成する一つのプロセスとして採用する。

金融広報中央委員会「家計の金融行動に関する世論調査」（二人以上世帯調査）（二〇一三年）によれば、金融資産を保有していないとの回答が約三割に上り、一九六三年の調査開始以来最大となった。年間収入別に見れば、年収が低いほど金融資産を保有していない世帯の比率が高くなる。また、厚生労働省「平成二三年度全国母子世帯等調査」によれば、母子家庭の約三割は貯金がゼロで、約半数が「五〇万円未満」であることを考えれば、少しずつ無理のない範囲で貯蓄の習慣を奨励することが望ましい。

⒂ **貯蓄・保険・年金・送金**

融資以外の貯蓄・保険・年金などの金融サービスをグラミン銀行は導入しているが、グラミン・アメリカは未実施。グラミン・アメリカ同様、当初は融資に集中してスタートし、貯蓄・保険・年金・

送金の金融サービスは段階的に導入を検討する。

⒃ クレジット・ヒストリー（信用履歴）の構築

日本では、信用履歴は個人向け貸付けの総量規制の中で指定信用情報機関の個人信用情報として利用される（ただし、NPOバンクについては指定信用情報機関の信用情報の使用・提供義務は免除され、総量規制は適用除外）が、アメリカのように銀行口座開設、アパートの賃貸や携帯電話の契約等では求められない。日本では、融資に当たっては、むしろ年収、勤務先、勤続年数、雇用形態などが重視される。

他方、信用情報機関は借り手の信用履歴をチェックするために利用できる。借り手がマイクロファイナンスを付加的に利用する場合、借金の総額管理が必要になる場合もあろう。

⒄ ソーシャル・ネットワークの形成

グラミン銀行の「一六か条の誓い」、グラミン・アメリカの「五か条の誓い」に相当するグループの規律をグラミン日本として策定する。

ソーシャル・ネットワークの形成については、協同組合などの日本の相互扶助の伝統や日本人のメンタリティを考えると、現代の日本でも五人組のグループが受け入れられる素地は十分にあると思われる。

⒅ **ローン実行の基本構造**

グラミン・アメリカ同様、グラミン・アメリカのグループセンター支店の基本構造を継承する。

⒆ **借り手のビジネス（仕事）**

グラミン・アメリカでは、第三章で見たように、借り手の女性たちは借りたローンを衣料・食料品・化粧品・アクセサリー・花・ギフト・小物などの販売、美容サロンやネイルサロンの仕事、車の修理、行商用カートの購入、裁縫用のミシンの購入、ヘアドレッサーの毛染め設備の購入などのために使用した。そして、生業や副業として仕事を始めたり維持・拡大して所得を生み出しローンを返済していた。

日本でも、アメリカと同様に、借り手の女性が自分の得意なことや経験を活かして何らかの仕事や生業を見つけることは可能だろう。複数の仕事をかけもちで行う副業やワーカーズ・コレクティブ（Ｂｏｘ４参照）のように複数人でビジネスを行うことなども考えられる。就業形態が多様化し、雇用者の賃金が伸び悩む社会経済状況では、インフォーマルな仕事を通じてスキル、ノウハウを身につけ、将来の開業に備えるということもあるだろう。

図表 5-13　グラミン銀行、グラミン・アメリカ、グラミン日本の比較

	グラミン銀行	グラミン・アメリカ	グラミン日本
組織形態	銀行	非営利組織（Non-Profit Organization）	非営利組織（Non-Profit Organization）
資本（資金調達）	グラミン銀行の株式の 95%を借り手の女性が所有、5%を政府が所有。 当初は援助資金（贈与や融資）。	寄付・贈与・融資。ジャクソン・ハイツ支店は設立後 5 年でサステナブルになった（事業収入で事業資金を賄える）。	当初は寄付、贈与、融資など。シードマネーとして基金、補助金、預託金などの可能性も模索。 数年後にサステナブルになることを目標。
融資対象	貧困層。 97%が女性。	・貧困ライン以下（11,720 ドル／ 1 人家族）4,650 万人（15.0%） ・事業を始めたり維持・拡大する意欲のある人	・貧困ライン以下（約 2,000 万人〔16%〕）。生活保護基準以下及びその近辺で暮らす人。 ・事業を始めたり維持・拡大する意欲のある人 ・当初は女性（母子家庭、ワーキングプア、障がい者、高齢者、失業者、サイレントプア［働く意欲・能力あり］等）
融資金額	250 ドル（平均）	・1,500 ドル（最初） ・2 回目の融資から、返済実績により増減	・15 〜 20 万円（母子家庭の平均年収の 1 月分超）（最初） ・2 回目の融資から、返済実績により増減
融資期間	Grameen II では自由設定	6 カ月または 1 年	6 カ月または 1 年
金融商品	事業資金ローン、住宅ローン、教育ローン、物乞い者ローン	現在、「ベーシック・ローン」のみ。零細企業ローンはいまだ融資実績なし。	単一の融資商品でスタート
担保	無担保、連帯責任	無担保、連帯責任	無担保、連帯責任
融資形態	グループ・レンディング。	グループ・レンディング。 メンバーは徒歩 5 分圏内に居住（サンフランシスコでは車で 5 分圏内）。	グループ・レンディング。 メンバーは徒歩 5 分圏内に居住。

融資順番	2:2:1 方式（最初の 2 人と次の 2 人、さらにその次の 1 人が融資を受ける間隔は 1 カ月）。 5 人そろって。	2:3 方式（最初の 2 人と次の 3 人が融資を受ける間隔は 2 週間）	2:3 方式（最初の 2 人と次の 3 人が融資を受ける間隔は 2 週間）
融資金利	事業資金ローン :20% 住宅ローン : 8% 教育ローン : 5% 物乞い者ローン : 0%	ベーシック・ローン :15%（定率法）	損益分岐金利水準を参考にしつつ、できるだけ低金利
資金使途	所得創出	所得創出	所得創出
返済方式	毎週。 返済はローン実行 1 週間後から開始。	毎週。 返済はローン実行 1 週間後から開始。	毎週。 返済はローン実行 1 週間後から開始。
返済率	97%（2011 年）	99.8%（2013 年）	できるだけ高い返済率を目標
貯蓄の奨励	少額貯蓄。 グラミン銀行に預金。	少額貯蓄（最低 2 ドル／日）。 地元の提携銀行に普通預金口座開設。	少額貯蓄（最低 200 円／日）。 自分名義の銀行口座に貯蓄。
貯蓄・保険・年金・送金	貯蓄・保険・年金などの金融サービスを提供	未実施。段階的に導入を検討。	段階的に導入を検討
クレジット・ヒストリー（信用履歴）	信用情報機関なし	ローン返済状況を信用情報機関に報告	・信用情報機関で信用履歴をチェック可。 ・借金の総額管理に必要な場合も。
ソーシャル・ネットワークの形成	16 か条の誓い	5 か条の誓い	要策定
ローン実行の基本構造	グループ – センター – 支店	グループ – センター – 支店	グループ – センター – 支店
借り手のビジネス（仕事）	水牛の飼育、米作、野菜栽培、雑貨店など	衣料・食料品・化粧品・アクセサリー・花・ギフト・小物などの販売、サロン（理髪、ネイル）、カートでの行商、ミシン裁縫など	グラミン・アメリカの借り手の女性のような生業、副業、ワーカーズ・コレクティブなど

⒇ 手　順

ある程度の融資対象が存在し、受け入れの用意のある地域からスタートし、徐々に拡大していく手順を踏む。当初はあまり手を広げ過ぎず、手の届く範囲でノウハウを蓄積する。そして、そのノウハウを踏まえて全国に業務範囲を広げるという順序付けを念頭に置いて展開する。

仮に、「グラミン日本」などと「グラミン」を名乗るとすれば、ユヌス博士やグラミン・トラストなどとよく相談をする必要があるだろう。

「グラミン日本」のビジネスモデルとしては、ここで例として上げたモデル以外にもバリエーションがあり得る。グラミン日本の上記のビジネスモデルを項目毎にグラミン銀行、グラミン・アメリカと比較して一覧表にすれば、図表5‐13のとおりである。

ヴィダー・ヨルジェンセン会長（右）と筆者（グラミン・アメリカ本部にて）（2013年8月7日撮影）

ユヌス博士は以前、筆者に日本でも必ずやマイクロファイナンスができるとアドバイスをしてくれたことがある。二〇〇八年に筆者がダッカのグラミン銀行本部を訪ねた時であった。それ以来、ユヌス博士にはご指導をいただいてきた。今回、グラミン・アメリカに関与させてもらいながら学ばせてもらったのもユヌス博士がヴィダー・ヨルジェンセン・グラミン・アメリカ会長を紹介してくれ、同会長をはじめとしたグラミン・アメリカのスタッフが多くのことを学ぶチャンスを与えてくれたおかげである。

ヨルジェンセン会長はグラミン日本の成功のためには次の二点が重要なポイントとアドバイスをしてくれた。
・ファンドレイジング（最初は寄付集めが必要）。スタートアップの資金を確保し、数年（五年ぐらい）でサステナブルにする（事業収入で事業コストを賄う）タイムラインで考えること。
・バングラデッシュのグラミン銀行から経験が豊富で優秀なスタッフを迎え入れること。

また、グラミン銀行から派遣され、グラミン・アメリカやドミニカ共和国のマイクロファイナンスを立ち上げた百戦錬磨のバンカーであるシャー・ネワズ・オペレーションCEOによれば、ニューヨークは人口密度（density）、交通（transportation）、ニーズの点でグラミン型のマイクロファイナンスを実施するのに最適な場所であった、日本にも大きなマイクロファイナンスの潜在性があると言う。現場でマイクロファイナンスを実践した経験から、同氏は日本について、女性が自らの意思で仕事を持てる環境にあること、女性たちに規律があること（well-disciplined）、政治的に安定して治安がよいこと、交通の便がよいこと、技術的なサポートが期待できることが日本の大きなメリットであり、グラミン日本は可能と言う。

2. グラミン方式の特徴

これまでグラミン銀行やグラミン・アメリカと比較しながら、グラミン日本の考えられるビジネスモデルを見てきたが、ここで、グラミン銀行とグラミン・アメリカに共通する「グラミン方式」のポイントをまとめておこう。先進国、途上国を問わず、世界各国にマイクロファイナンスと呼ばれるものは多数あるが、「グラミン方式」のマイクロファイナンスには次のような特徴がある。これはグラミン日本にも共通することであり、成功の秘訣とも言える。

・小さく始めて少しずつ大きくする漸進主義のアプローチ

身近で小さなところから試しに始めて（starting small）、少しずつ前進する。決して一足飛びに全部を一挙に解決しようとはしない。「少しずつ、少しずつ」「ゆっくり」が原則。すべてがうまく行っている時にだけ、スピードを上げる。

当面のスキームがサステナブルになり軌道に乗ったら、条件や範囲を見直し、ステップ・バイ・ステップで拡大する漸進主義のアプローチが基本である。たとえば、融資対象をホームレスや男性にも拡大、当初の融資金額の増額、金融商品の種類の多様化などは漸進主義で取り組む。

・始めてみて、問題があれば直していく修正主義のアプローチ

とにかく始めてみてうまくワークしなかったり問題があれば、修正しながら前進する。やりながら学ぶ（learning by doing）現実主義が基本スタンスである。

・「貧しい人は必ずお金を返す」（The poor always pay back.）との信念

貧しい人を信頼し、貸したお金は必ず返してくれるという信念。借り手を尊重（respect）する。返せないのは仕組みや制度が悪いからであり、相手の人種、性別、出身国に起因するものではない。各国や地域で社会経済状況の違いはあっても貧困の本質は同じである。

・人間に対する信頼

途上国、アメリカ、日本、どこであれマイクロファイナンスが成功するかどうかは人間を信頼できるかどうかにかかっている。人間に対する深い理解と人間性に対する信頼がなければ、いくら技術的なノウハウを詰め、制度的環境を整えてもうまくいかない。

グラミン銀行やグラミン・アメリカがマイクロファイナンスをそれぞれの国で実施できた理由は、グループ・レンディングなど仕組みの技術的な面にあるだけでなく、その技術的な面の根本にある考え方、すなわち、「人間はすべて、本来、ビジネス（仕事）をする創造性と技能を持っており、所得を生み出すことができる」「機会さえ与えられれば、貧しい人でも貧困から脱却して自分と家族のためによりよい生活を創り出すことができる」という信念である。

・信頼醸成の仕組みをビルトイン

人間に対する信頼を醸成する仕組みがグラミン方式のいたる所にビルトインされている。グループの形成、センター・ミーティングへの出席、融資額の増減を個人のパフォーマンスだけでなくグループやセンターのパフォーマンスとも連動させる融資スキームなど貸し手と借り手、そしてメンバー同士の相互の信頼醸成やソーシャル・ネットワーク形成を促す仕組みをビルトイン。

・ソーシャルビジネスの七つの基本原則（第四章Ⅳ参照）に立脚

3．非グラミン型のマイクロファイナンスのバリエーション

これまでグラミン・アメリカの事例を参考に日本でグラミン型のマイクロファイナンス「グラミン日本」を行うことは可能なのか、行えるとしたら、どこを変更・修正すればよいのかについて考えてきた。

日本でマイクロファイナンスを行う場合、必ずしもグラミン型が唯一の方法ではないだろう。第五章Ⅲ‐1で述べたスキームのいくつかの項目を変更すれば非グラミン型のマイクロファイナンスのバリエーションが考えられる。

ここで、非グラミン型のマイクロファイナンスとしてどのようなバリエーションがあるのか考えてみよう。

⑴ 組織形態

ＮＰＯ以外にも、株式会社、有限会社、事業組合、一般社団法人、任意団体、生活協同組合などの組織形態が考えられる。

世界のマイクロファイナンス機関はNPO、クレジット・ユニオン、金融協同組合などとしてスタートしたものが多いが、貯蓄サービスを提供するには預金取扱金融機関の免許が必要であるなどの事情から、営利組織としてのマイクロファイナンス機関も増えてきている。営利組織としての組織形態としては、ノンバンク、マイクロファイナンスに特化する商業銀行、総合金融サービスを提供する銀行の一部門でマイクロファイナンスを行うことなどが考えられる。公的金融も、現在、中小企業金融（SMEファイナンス）や小企業金融（MSEファイナンス）にフォーカスがあるが、貧困層向けのマイクロファイナンスを行う潜在力があるだろう。

ここで留意すべきは、株式会社でも私的利益の最大化ではなく社会的課題の解決を理念とする主体になり得るということである。ただ、上場・店頭公開をすれば、利益最大化を求める株主との関係が問題となる。中南米では上場したマイクロファイナンス機関が高金利を課し、もはやマイクロファイナンスとは呼べない高利貸しになってしまった例もある。上場・店頭公開する株式会社は第四章Ⅳで述べたグラミン・ダノン・フーズのように利益最大化とソーシャルビジネスの間に一定の隔壁を設ける仕組み（合弁会社の設立など）を工夫することが必要かもしれない。

(2) 資本（資金調達）

寄付、贈与、融資以外にも出資、補助、助成、預託、債券発行などによるファンドレイジングが考えられる。シードマネーとして基金、補助金、預託金などの可能性も模索するべきだろう。クラウド・ファンディングなどITを活用した資金調達も有効なプラットフォームになり得よう。

(3) 融資対象

貧困層すべてが融資対象になり得る。グラミン日本では、漸進主義や修正主義アプローチで順序付けをしてスタートすることを考えたが、高齢者、障がい者、ニート、フリーター、ワーキングプア、ひきこもり、ドメスティック・バイオレンス被害者、難民、ホームレス、若年性認知症、小児がん経験者、ユニーク・フェイス、感染症経験者、麻薬・アルコール等中毒経験者、犯罪歴のある者、その他就労困難な者で、生活に困窮する者はすべてマイクロファイナンスの対象になり得る。また、低所得者（たとえば、生活保護基準の一・八倍以内の所得層など）も、自分の能力を活用できる返済能力のある人であれば、融資対象になるだろう。機関の目的とニーズによって、ある範囲に特化したり、順序付けをするバリエーションが考えられる。

(4) 融資金額

マイクロファイナンスの性質上少額融資を原則とするが、先進国マイクロファイナンスの例を見ても、数万円〜数百万円のバリエーションが考えられよう。

(5) 融資期間

グラミン日本では、六カ月または一年を考えたが、機関の目的とニーズに応じて自由設定が可能であろう。

⑹ 金融商品

グラミン日本では単一金融商品からのスタートを考えたが、機関の目的とニーズに応じて多様な融資金融商品を提供し得るだろう。また、マイクロインシュランス（保険）、年金、貯蓄、送金などの金融サービスの開発も期待される。ただし、金融商品を多様化すれば、それに応じてオペレーションは複雑になる。

⑺ 担保

基本的に貧困層は物的担保を持っていないので、グラミン日本では無担保で、グループ・レンディングによる連帯責任を考えたが、家族・親族などの連帯保証を求めてよいケースもあろう。コミュニティ・ファイナンスやコミュニティ・ボンドなど地域のソーシャル・ネットワークを利用できる場合には社会的な担保で代替可能なケースも考えられる。

⑻ 融資形態

グラミン日本ではグループ・レンディングを考えたが、非グラミン型のマイクロファイナンスとしては個人レンディングも選択肢である。その場合、審査（screening）と債権管理（monitoring）の負担やコストをいかに抑えつつ、貧困層へのマイクロファイナンス提供と組織のサステナビリティを両立させるか工夫が必要である。ＩＴを活用し、個人間金融（Ｐ２Ｐ）の手法を取り込むことも考えられる。

⑼ 融資順番

担保の有無など他の融資条件との組合せいかんでは、グループ・レンディングで一度にグループ全員に融資するバリエーションも検討可能であろう。

⑽ 融資金利

マイクロファイナンス機関のミッション（使命）である貧困削減という社会的利益と事業のサステナビリティを両立するため、第五章Ⅲ‐1で述べた損益分岐融資金利水準も念頭に置きながら、できる限りの低金利を設定する努力が必要である。

日本の現行法では、第五章Ⅲ‐1の図表5‐12のとおり、利息制限法（上限金利は貸付け額に応じて一五～二〇％）、出資法（上限金利二〇％）で規制される上限金利の範囲内で設定することが必要である。

⑾ 資金使途

所得創出（起業資金、設備資金、運転資金、教育訓練資金等）、債務解消等家計再生（借換え資金、債務整理に必要な資金等）、出費平準化（子どもの学費、転居費、住居・車の修繕費等）などの資金使途に対応する融資があり得る。いずれの場合も、借り手は支払う金利よりも多くの財源を確保（所得創出、家計の見直しによる節約・貯蓄など）できるスキームが必要である。

⑿ 返済方式

グラミン日本では毎週返済、ローン実行一週間後からの返済を考えたが、機関の目的とニーズに応じて毎週、隔週、毎月などのバリエーションも考えられる。また、ローンの種類に応じて、据置期間も自由設定の検討の余地があろう。

⒀ 返済率

できるだけ高い返済率（できるだけ低い貸倒率）を目標として、スキームを考える必要がある。マイクロファイナンスは社会保障でも慈善事業でもないビジネスとして事業収入を確保し、組織としてのサステナビリティを確保する必要がある以上、高い返済率を確保できるスキームが必要である。

⒁ 貯蓄の奨励

グラミン日本では、貯蓄の奨励を重要な柱として設定したが、機関の目的やニーズに応じてバリエーションがあろう。

⒂ 貯蓄・保険・年金・送金

融資以外にも、貯蓄・保険・年金・送金などの金融サービスを個別に、ないしは融資と併せて導入することを検討。融資と併せて実施する際にはオペレーションが複雑になるが、順序付けをして検討する。

⒃ **クレジット・ヒストリー**（**信用履歴**）**の構築**

第五章Ⅲ‐1で述べたとおり、現在の日本の金融制度の下では信用履歴の構築はあまり求められないが、信用情報機関は借り手の信用履歴をチェックするために利用できる。借り手がマイクロファイナンスを付加的に利用する場合、借金の総額管理が必要になる場合もあろう。

⒄ **ソーシャル・ネットワークの形成**

マイクロファイナンスには単に貧困層に金融アクセス手段を提供するだけでなく、衰退したコミュニティの再生、コミュニティや人々のつながりの回復というソーシャル・ネットワーク形成機能や社会的包摂機能があることに留意する必要がある。

⒅ **ローン実行の基本構造**

グラミン日本では、グループ－センター－支店という基本構造としたが、非グラミン型のマイクロファイナンスでは機関の目的、ニーズ、組織形態、融資形態、融資条件等に応じてローン実行の基本構造を設計可能である。

⒆ **借り手のビジネス**（**仕事**）

借り手のビジネス（仕事）としては零細事業から中小規模の事業までさまざまな仕事が考えられるが、借り手の仕事のニーズに応じて融資条件を検討する必要があろう。

図表 5-14　グラミン日本と非グラミン型マイクロファイナンスの比較

	グラミン日本	非グラミン型 マイクロファイナンス
組織形態	非営利組織（Non-Profit Organization）	NPO 以外にも、株式会社、有限会社、事業組合、一般社団法人、任意団体、生活協同組合など。
資本（資金調達）	当初は寄付、贈与、融資など。シードマネーとして基金、補助金、預託金などの可能性も模索。 数年後にサステナブルになることを目標。	寄付、贈与、融資、出資、補助、助成、預託、債券発行など。シードマネーとして基金、補助金、預託金などの可能性も模索。クラウド・ファンディングなども有効なプラットフォーム。
融資対象	・貧困ライン以下（約 2,000 万人〔16%〕）。生活保護基準以下及びその近辺で暮らす人。 ・事業を始めたり維持・拡大する意欲のある人 ・当初は女性（母子家庭、ワーキングプア、障がい者、高齢者、失業者、サイレントプア［働く意欲・能力あり］等）。	・貧困層すべてが融資対象になり得る。 ・高齢者、障がい者、ニート、フリーター、ワーキングプア、引きこもり、ドメスティック・バイオレンス被害者、難民、ホームレス、若年性認知症、小児がん経験者、ユニーク・フェイス、感染症経験者、麻薬・アルコール等中毒経験者、犯罪歴のある者、その他就労困難な者で、生活に困窮する者はすべて対象になり得る。 ・生活保護基準の 1.8 倍以内の低所得者層も対象 ・機関の目的とニーズに応じて、ある範囲に特化したり、順序付けをする
融資金額	・15 ～ 20 万円（母子家庭の平均年収の 1 月分超）（最初） ・2 回目の融資から、返済実績により増減	小規模融資が原則。数万円～数百万円。
融資期間	6 カ月または 1 年	機関の目的とニーズに応じて自由設定
金融商品	単一融資商品でスタート。	多様な融資金融商品。 保険、年金、貯蓄、送金などの金融サービスも。
担保	無担保、連帯責任	無担保＋家族・親族の連帯保証などのバリエーションあり

融資形態	グループ・レンディング。 メンバーは徒歩5分圏内に居住。	グループ・レンディング、個人レンディング
融資順番	2:3方式（最初の2人と次の3人が融資を受ける間隔は2週間）	グループ・レンディングで一度にグループ全員に融資するバリエーションも検討可
融資金利	損益分岐金利水準を参考にしつつ、できるだけ低金利	貧困削減という社会的利益と事業のサステナビリティを両立するため、損益分岐融資金利水準も念頭にできる限りの低金利
資金使途	所得創出	所得創出、債務解消等家計再生、出費平準化などの資金使途に対応する融資
返済方式	毎週 返済はローン実行1週間後から開始	毎週、隔週、毎月などのバリエーションあり
返済率	できるだけ高い返済率を目標	できるだけ高い返済率を目標
貯蓄の奨励	少額貯蓄（最低200円／日）。 自分名義の銀行口座に貯蓄。	機関の目的とニーズに応じてバリエーションあり
貯蓄・保険・年金・送金	段階的に導入を検討	貯蓄・保険・年金・送金などの金融サービス導入を検討
クレジット・ヒストリー（信用履歴）の構築	・信用情報機関で信用履歴をチェック可 ・借金の総額管理に必要な場合も	・信用情報機関で信用履歴をチェック可 ・借金の総額管理に必要な場合も
ソーシャル・ネットワークの形成	要策定	ソーシャル・ネットワークの形成機能や社会的包摂機能に留意
ローン実行の基本構造	グループ－センター－支店	機関の目的、ニーズ、組織形態、融資形態、融資条件等に応じて設計
借り手のビジネス（仕事）	グラミン・アメリカの借り手の女性のような生業、副業、ワーカーズ・コレクティブなど	零細事業から中小規模の事業など借り手のニーズに応じて融資条件を設定。 経営支援や就労支援などの技術支援を行い、借り手に伴走するスキームも貸し手と借り手の信頼関係の構築、貧困脱却、社会的包摂に有効。

グラミン・アメリカの事前研修やセンター・ミーティングよりもさらに借り手に経営支援や就労支援などの技術支援を行い、借り手に伴走するスキームをビルトインするモデル（たとえば、ヨーロッパのマイクロファイナンスの例）も貸し手と借り手の信頼関係の構築、借り手の貧困からの脱却や社会的包摂に有効であろう。

以上を一覧表の形で比較すれば、図表5‐14のとおりである。

IV―マイクロファイナンス発展のための法制度と政策支援の方向性

マイクロファイナンスの重要なイノベーションの一つは、貧困層に無担保でローンを供与する独創的な方法を見つけ出したことである。貧困層がお互いに約束するという社会的な担保で物的担保を置き換えた連帯責任という手法は革新的である。ただ、マイクロファイナンスは多くの貧困層・低所得者層の人たちが恩恵を受けられる金融サービスではあるが、そのすべての人がローンを必要とした り、使うことができる訳ではない。融資を効果的に使うには、借り手は金利よりも多くの所得を仕事などで生み出すか、家計のやり繰りで返済財源を生み出すかなどしなければならない。融資を有効に使うことができない人に融資をすることは既に弱い立場にある人にさらに債務の重みを負わせてしまうことになりかねない。マイクロファイナンスは貧困削減のための有効な方法ではあるが、万能薬ではないことを認識しておく必要がある。だからこそ、貧困削減には金融のみならず、医療や教育を含めた総合的な取組みが必要とされ、金融以外のソーシャルビジネス（第四章Ⅳ参照）が必要とされる。他方、マイクロファイナンスは万能薬ではないが、本書でこれまで見てきたように個人や家族に変化をもたらし、コミュニティや社会に変化をもたらすものであることも同時に認識しておく必要がある。

資本主義を描く経済学は、多面的な人間の一側面である利益最大化という行動原理をもとに理論が構築されている。しかし、ユヌス博士によれば、(9)人間は経済学の理論が前提とするような利益最大化という一つの行動原理に基づいて行動する「一次元的な（one-dimensional）」存在ではない。感情を持ち社会性を備える「多次元的な（multi-dimensional）」存在である。金銭的な利益以外にも社会的に価値のあることを創造し、「人々や社会に善いことをしたい」という欲求を持つ。したがって、医療や教育などの分野で見られる「市場の失敗（market failure）」は経済学が人間の本質を捉え損ねた「概念化の失敗（conceptualization failure）」である。人間の多次元性を捨象して、人間がすべて利益最大化という一つの行動原理で行動するという仮定の上に立って、神の見えざる手に導かれ予定調和が達成されるという理論が果たして有効な結論を導いてくれるのかどうかについては、現在、多くの疑問が提示されており、理論的にも再構築の取組みが行われている。

このことは経済学に限ったことではない。現在の日本の法制度も、私たち人間が私的利益以外に社会的に価値のあることを創造し、「人々や社会に善いことをしたい」という欲求を持つ多次元的な存在であることを想定したものにはなっていない。したがって、利益最大化ではなく社会的課題を解決することを一義的目的とするソーシャルビジネスが存在することを想定した制度体系にもなっていない。

たとえば、現在の金融を巡る法制度はマイクロファイナンスや非営利金融を想定したものにはなっていない。銀行や消費者金融などの営利金融を対象にしたルールで、マイクロファイナンスや非営利金融が規制されるためにさまざまな矛盾や不都合が生じることになる。現在、日本でマイクロファイナンスを行おうとすれば、貸金業法で貸金業登録が必要であり、利益最大化を原理とする消費者金融などを規制する同法の下で規制されることになる。改正貸金業法の政令で、ＮＰＯバンクについては総量規制の適用除外、指定信用情報機関の信用情報の使用・提供義務の免除、最低純資産額の例外などの措置が暫定的に取られているが、より根本的にはマイクロファイナンスや非営利金融について営利金融機関とは明確に区分けした上で法律で適正な位置づけをすることが必要である。

マイクロファイナンスの発展のため、公的金融にも一定の役割が期待されるが、政府はむしろ触媒として環境整備を担うことが重要な役割である。

マイクロファイナンスや非営利金融の健全な発展を促進するためには、

・マイクロファイナンスの利用者や出資者などの適正な保護
・マイクロファイナンス機関の健全性確保
・「マイクロファイナンス」の名を騙って高利貸しをする不逞の輩の徹底した排除

などのための適切なルールが必要とされる。

マイクロファイナンスや非営利金融に対する政策支援については、予算・税制・公的金融・金融機関の監督・検査・格付けのあり方を含めた総合的な支援が求められる。マイクロファイナンスに民間資金が流入しやすくするための制度整備やシードマネーとしての基金、補助金、預託金などの財政資金の活用はマイクロファイナンスの普及・発展に大きく貢献する。民間資金流入のための政策支援としては、第一章Ⅱ-4で述べたアメリカの地域再投資法（ＣＲＡ）の日本版は検討に値する支援であろう。

また、マイクロファイナンスの借り手のための制度整備としては、生活保護制度との調整が経過措置として必要だろう。マイクロファイナンスの融資対象を生活保護基準以下及びその近辺で暮らす人とした場合、第三章で見たように、アメリカでは社会福祉を受けている人が働いて収入を上げれば、その分だけ社会福祉の給付が減らされてしまい、社会福祉制度がマイクロファイナンスを借りて働いて貧困から脱却することの阻害要因になっていた。日本でも、マイクロファイナンスを借りて所得を生み出した場合、所得が生活保護基準を超えたからと言って、直ちに生活保護を打ち切ったり、その分すべてを減額すれば、働く能力と意欲のある生活保護受給者が生活保護から脱却するインセンティブを奪うことになりかねない。生活保護制度が生活保護以外のさまざまな減免規定と連動している場合にはなおさらである。日本では介護保険保険料・介護サービスの利用料の免除、国民健康保険料の減免、国民年金保険料の免除、就学援助費の所得制限、住民税の非課税など福祉・医療・年金・教育・税制など諸施策の適用基準が生活保護の適用基準と連動している。貧困から脱却して生活保護なしで生きていくことができるよう、一定期間、生活保護制度とマイクロファイナンスを調整する経過措置が必要であろう。

ユヌス博士は、「企業が利益の最大化を目的に動く自由な市場経済は最大限に社会に恩恵をもたらすと言われるが、感情を持ち、社会性を備え、政治を考えるなどの精神的営みをするという、人間の重要な側面が抜け落ちており、弊害も引き起こしている。これら人間が持つさまざまな資質と能力を引き出すビジネスの論理を構築すべきだ。そうすれば、我々は資本主義の性格を変えることができる」と語っている。[10] その「市場経済が引き起こす弊害」の一つを私たちは一〇〇年に一度とも言われた二〇〇八年の世界金融危機で経験することとなった。この世界金融危機によって、市場システムはそれだけでは自己完結的なシステムたり得ないことが改めて明らかになった。この経験から私たちが学んだように、市場システムは「効率」の基準だけではなく、「正義」、「卓越」の基準でも規定されなければならないことは常に心に留めておく必要がある。

注

（1）厚生労働省「平成二二年国民生活基礎調査」(http://www.mhlw.go.jp/toukei/saikin/hw/k-tyosa/k-tyosa10/2-7.html) (accessed March 18, 2014).

（2）OECD Income Distribution Database (http://stats.oecd.org/Index.aspx?DataSetCode=IDD) (accessed March 18, 2014).

（3）World Bank. (http://databank.worldbank.org/data/views/reports/tableview.aspx#) (accessed March 18, 2014).

（4）ウェブゲーテ（http://goethe.nikkei.co.jp/human/100924/）(accessed March 18, 2014).

（5）Bhatt (2001).

（6）菅（二〇〇八年）。

（7）Hulme and Mosley (1996).

（8）ワーカーズ・コレクティブネットワークジャパン http://wnj.sakura.ne.jp/cont/wnjtoha.html (accessed March 18, 2014).

（9）Yunus (2008).

（10）日本経済新聞（二〇〇七年四月二〇日）。

おわりに

現代の日本では貧困は失職、病気、ケガ、事故、配偶者との離婚・死別などで誰にでも起こり得る問題になっている。非正規社員の増加によるワーキングプア、若い女性たちやシングルマザーに広がるサイレント・プア、毎月のように過去最多記録を更新する生活保護受給者など、一九九〇年代後半から日本でも貧困が深刻化し、今や貧困は私たちにとって明日は我が身の身近な問題になっている。政府の公式発表によっても、日本は国民の六人に一人の約二、〇〇〇万人が貧困ライン以下で生活している現状にある（二〇一〇年国民生活基礎調査）。

この貧困問題は現代の日本ではさまざまな理由から有効な対策が取られず解決が先送りされているが、もはや避けては通れない喫緊の課題として取り組むべき段階に達している。

貧困問題が避けて通れない問題になっているのはアメリカも同様である。今や四、六五〇万人という、七人に一人の国民が貧困ライン以下で生活している。アメリカはかつてアメリカン・ドリームに象徴される機会均等のチャンスにあふれる国、中流層が多くを占める豊かな国というイメージだったが、近年中流層が縮小し、日本の近未来の姿と二重写しになっているように思われる。

この貧困問題に対して、アメリカでは一つの有効な対策としてマイクロファイナンスを活用している。グラミン銀行創設者のムハマド・ユヌス博士（二〇〇六年ノーベル平和賞受賞者）が二〇〇八年にグラミン・アメリカをニューヨークに設立し、全米で急成長を遂げている。途上国のものと思われ、先進国や都会では実施できないだろうと思われていたグループ・レンディングの手法でマイクロファイナンスを実践し貧困対策として効果を発揮している。グラミン・アメリカはマイクロファイナンスが先進国の社会経済問題をも解決する一つの有効な方法論であり、金融排除された人々を社会的に包摂する歴史的実験とも言えよう。アメリカはこのグラミン・アメリカを含めたユヌス博士の内外での活動と貢献を評価し、大統領や議会を含め国としてユヌス博士を顕彰している。

このような中で、筆者はグラミン・アメリカに関与させてもらいながら、グラミン・アメリカが実際にどのように設立され、どのような具体的な仕組みで運営されているのかなどを詳しく調査する機会を得た。本書は、それをもとにグラミン・アメリカがバングラデッシュのグラミン銀行から何を学び、どこを修正・変更して実施しているのか、日本に応用するにはどうすればよいのかをレポートしたものである。

グラミン・アメリカに関与させてもらった経緯は、筆者が二〇一三年からコロンビア大学で客員研究員としてマイクロファイナンスやソーシャルビジネスの研究を深める機会を得たことが契機となった。同大学のあるニューヨークでは、グラミン・アメリカが六つの支店を拠点としてアメリカの貧困層にマイクロファイナンスを実行していることを知っていたので、グラミン・アメリカが実際にどのように運営されているのか、つぶさに観察して学ばせてもらいたいと考えていた。幸い、グラミン銀行創設者でグラミン・アメリカ理事長でもあるムハマド・ユヌス博士から、グラミン・アメリカのボードメンバーに加えていただく推薦をいただき、ヨルジェンセン・グラミン・アメリカ会長を紹介していただいた。

ヨルジェンセン会長には、グラミン・アメリカのスタッフや、ちょうど立ち上げ準備をしていたグラミン・プリマケアのスタッフを紹介してもらうと同時に、多くの実践的なアドバイスをいただいた。グラミン・アメリカやグラミン・プリマケアの理事会やスタッフ・ミーティングに参加させてもらい、支店やトレーニング・センター等の現場で支店長、センター長や借り手の女性たちの話を聞く機会を与えていただいたほか、必要な資料や情報も提供いただいた。

二〇一三年九月からはグラミン・アメリカおよびグラミン・プリマケアのシニア・アドバイザーとしてお手伝いをさせてもらいながら、グラミン・アメリカやグラミン・プリマケアの活動に関与させてもらった。ここに重ねて、ユヌス博士、ヨルジェンセン会長、ネワズ・オペレーションCEOをはじめグラミン・アメリカやグラミン・プリマケアのたくさんのスタッフのご厚意とご支援に厚く感謝申し上げたい。

本書はこのようにして刊行が可能になったものであるので、本書の印税は将来の「グラミン日本」の実現を期してすべて「グラミン日本」に寄付することとしたい。

ムハマド・ユヌス博士（右）と筆者

（2013年3月12日撮影）

本書を読まれて、もしあなたが「グラミン日本」や日本のマイクロファイナンスのために何かをしたい、何かができると思われたなら、あるいはグラミン・アメリカやグラミン・プリマケアの活動をサポートしたいと思われたなら、どうかどんな形でも、どんな小さなことでも支えてもらえるならば、大変有難いことだと思う。

グラミン日本については、初版第1刷発行の２０１４年7月以降、今回の第2刷発行までの間、大きな進展があったので付記させていただく。

昨２０１７年2月、ユヌス博士が来日した際に、グラミン日本の設立についてユヌス博士と筆者が合意し、ユヌス博士とグラミントラスト財団が全面的にサポートしてくれることとなった。それを受けて、同年8月、筆者は仲間や同志とともに一般社団法人グラミン日本準備機構を正式に設立した（グラミン日本準備機構ホームページ https://grameen.jp/ 参照）。

現在、本年（２０１８年）夏を目途にグラミン日本を設立・事業開始すべく準備を加速・本格化させているところである。アライアンスを組む企業、団体、個人の方々を募集しており、同時に広く資金的・人的サポートもお願いしている。

「貧困のない、誰もが活き活きと生きられる社会」を創るため、具体的なオペレーションの詰め、アライアンス先の一層の開拓、さらなるファンドレイジング、足腰になるバックオフィスの整備拡充など、今夏のグラミン日本の立上げ・事業開始に向け、やるべきことは山積しているが、「あせらず、着実に」そして、Go far together（遠くまで行くなら、みんなで行く）をモットーに前に進みたい。グラミン日本準備機構スタッフ一同、グラミン日本の設立・事業開始に向け全力を尽くす覚悟であることをお誓いした上で、グラミン日本に対して読者の皆さまの温かいご支援を心より申し上げる次第である。

本書は、アメリカの貧困・格差問題やグラミン・アメリカの取組みに関心のある人、日本のワーキングプアやサイレント・プアなど私たちの身近に迫る貧困・格差問題や日本のマイクロファイナンスに関心のある人、政府、自治体、企業、金融機関、NPOなど「グラミン日本」や日本のマイクロファイナンスの推進者や担い手になり得る人、マイクロファイナンスやソーシャルビジネスを学ぶ学生や研究者など広い読者層に読んでもらうことを念頭に置いて著したものである。

あなたが男性でも女性でも、若くても年をとっていても、リベラルな人でも保守的な人でも、公的機関、企業、金融機関、NPO、マスコミなどどこで働いていようと、あるいは個人の立場であろうと日本や世界の貧困削減のためにあなたができることは必ずある。金銭的か非金銭的かにかかわらず、たとえどんなに小さなことでも、あなたのサポートを待っている人がきっといることをどうか心に留めておいてほしい。

最後に、本書の執筆をいつも支えてくれた家族、幸恵、明日香、正太郎に心から感謝したい。特に、ソーシャルワーカーへの道を歩み始め、マイクロファイナンスに大きな関心を持ってくれた妻幸恵には多くの助言をもらった。フランスのマイクロファイナンス機関ＡＤＩＥの創設者マリア・ノワク氏と交流して彼女の著書の翻訳を試み、ヨーロッパのマイクロファイナンスに詳しい妻の助言と助力には、終始、励まされ助けられた。

貧困のないよりよい社会を創ろうと心に決め、小さくても一歩を踏み出そうとするすべての人に本書を捧げる。

二〇一八年六月

東京のグラミン日本準備機構のオフィスにて

菅　正広

参考文献

Accion U. S. Network. 2013. *2012 Annual Report*. Accion U. S. Network.

Ashe, Jeffrey. 2000. "Microfinance in the United States: The Working Capital Experience-Ten Years of Lending and Learning." *Journal of Microfinance*, vol.2, no.2, Fall 2000.

Bhatt, Nitin and Shui-Yan Tang. 2001. "Making Microcredit Work in the United States: Social, Financial, and Administrative Dimensions." *Economic Development Quarterly*, vol. 15, No. 3, August 2001.

______. 2002. "Determinants of Repayment in Microcredit: Evidence from Programs in the United States." *International Journal of Urban and Regional Research*, vol. 26.2, June 2002.

Bruhn-Leon, Birthe, Per-Erik Eriksson and Helmut Kaemer-Eis. 2012. "Progress for Microfinance in Europe" Working Paper 2012/13. *EIF Research & Market Analysis*. European Investment Fund.

Carr, James. 2005. *Attracting Unbanked Consumers into the Financial Mainstream*. Washington, D. C. : Fannie Mae Foundation.

Carr, James H. and Zhong Yi Tong ed. 2002. *Replicating Microfinance in the United States*, Woodrow Wilson Center Press, Washington D. C.

CDFI Coalition. "CDFI Types: Comparing Different Types of CDFIs." http://www.cdfi.org/about-cdfis/cdfitypes (accessed March 18, 2014).

Center for Financial Services Innovation. 2011. "60 Million Underbanked Consumers Generated $45 Billion in Revenue in 2010." press release, November 2, 2011.

Churchill, Craig and Cheryl Frankiewicz. 2006. *Making Microfinance Work: Managing for Improved Performance*. International Labour Organization.

______. 2011. *Making Microfinance Work: Managing Product Diversification*. International Labour Organization.

Community Financial Services Association of America. "About the Payday Advance Industry." http://cfsaa.com/about-the-payday-advance-industry.aspx (accessed March18, 2014).

Credit Suisse. 2009. White Paper, *Smart Funding in Tough Times: Philanthropic Funding in an Economic Downturn*. https://www.credit-suisse.com/us/privatebanking/wealthservices/doc/white_paper_1023.pd (accessed March 18, 2014).

Dowla, Asif, and Dipal Barua. 2006. *The Poor Always Pay Back: The Grameen II Story*. United States of America: Kumarian Press.

Eichler, Alexander. 2011. "Government Aid Helped Cut U. S. Poverty Rate Nearly In Half: CBPP." *Huffington Post*, November 11, 2011, http://www.huffingtonpost.com/2011/11/11/poverty-government-programs_n_1088277.html (accessed March18, 2014).

Federal Deposit Insurance Corporation. 2012. "2011 FDIC National Survey of Unbanked and Underbanked

Households" http://www.fdic.gov/householdsurvey/2012_unbankedreport.pdf (accessed March18, 2014).

Genesis Community Loan Fund. "What Is a Community Development Financial Institution (CDFI)?" http://www.genesisfund.org/cdfi.htm (accessed March18, 2014).

Hulme, David, and Paul Mosley. 1996. *Finance against Poverty*. Routledge.

Hung, Chi-kan Richard. 2003. "Loan Performance of Group-Based Microcredit Programs in the United States." *Economic Development Quarterly*, vol. 17, No. 4, November 2003.

Iceland, John. 2003. *Poverty in America: A Handbook*, University of California Press.

Kopczuk, Wojciech, Emmanuel Saez, and Jae Song. 2010. "Earnings Inequality and Mobility in the Unitied States: Evidence From Social Security Data Since 1937." *The Quarterly Journal of Economics*, February 2010.

Kraemer-Eis, Helmut and Alesso Conforti. 2009. "Microfinance in Europe: A Market Overview" Working Paper 2009/001. *EIF Research & Market Analysis*. European Investment Fund.

Leatherman, Sheila, Marcia Metcalfe, Kimberley Geissler and Christopher Dunford. 2011. "Integrating microfinance and health strategies: examining the evidence to inform policy and practice." *Health Policy and Planning 2012*;27:85-101. Oxford University Press.

Ledgerwood, Joanna, Julie Earne, and Candance Nelson, ed. 2013. *The New Microfinance Handbook-A Financial Market System Perspective*. The World Bank.

Lieberman, Ira, Jenifer Mudd, and Phil Goodeve. 2012. "U. S. Microfinance at the Crossroads - Scale and

Sustainability: Can lessons from international experience help guide the U. S. sector?" Calmeadow Foundation and Omega Foundation.

Mishel, Laurence, Jared Bernstein, and Heidi Shierholz. 2009. *The State of Working America 2008/2009*. Ithaca, NY: ILR Press.

Newaz, Shah. 2013. *Grameen America Operational Handbook*. Graphics World.

OECD. 2013. "Growing Unequal? Income Distribution and Poverty in OECD countries." OECD.

Passel, Jeffrey S. and D'Vera Cohn. 2008. "U. S. Population Projections: 2005-2050". PewResearch.

Polinger, J. Jordan, John Outhwaite and Hector Cordero-Guzman. 2007. "The Question of Sustainability for Microfinance Institutions". *Journal of Small Business Management* 45 (1). January 1, 2007.

Rosenberg, Rich, Adrian Gonzalez, and Sushma Narain. 2009. "The New Moneylenders: Are the Poor Being Exploited by High Microcredit Interest rates?" Occasional Paper 15, CGAP, Washington, D. C., February.

Sinclair, Hugh. 2012. *Confessions of A Microfinance Heretic: How Microlending Lost Its Way and Betrayed the Poor*. Berrett-Koehler Publishers.

Stiglitz, Joseph E. 2011. "Of the 1%, by the 1%, for the 1%." Vanity Fair. May, 2011. http://www.vanityfair.com/society/features/2011/05/top-one-percent-201105 (accessed March 18, 2014).

Stiglitz, Joseph E. 2013. *The Price of Inequality: How Today's Divided Society Endangers our Future*. Norton & Company, Inc.

Sundaresan, Suresh. 2013. "Grameen America: An Approach to Mitigating Poverty in the United States."

Columbia CaseWorks. April 16, 2013

Tansey, Charles D. 2001. "Community Development Credit Unions: An Emerging Player in Low Income Communities." *Capital Xchange*, September 2001. http://www.brookings.edu/research/articles/2001/09/metropolitanpolicy-tansey (accessed March18, 2014).

The Center on Philanthropy at Indiana University. 2011. *Giving USA 2011: The Annual Report on Philanthropy for the Year 2011*, Chicago http://big.assets.huffingtonpost.com/GivingUSA_2011_ExecSummary_Print-1.pdf (accessed March 18, 2014)

U. S. Census Bureau. 2013. *Current Population Reports, Income, Poverty, and Health Insurance Coverage in the United States: 2012*. U. S. Government Printing Office.

Wolf, Richard. 2010. "Record Number in Government Anti-Poverty Programs," USA Today, August 30, 2010. http://usatoday30.usatoday.com/news/washington/2010-08-30-1Asafetynet30_ST_N.htm#start (accessed March18, 2014).

Yunus, Muhammad, with Alan Jolis. 1997. *Vers Un Monde Sans Pauvrete*. Editions Jean-Claude Lattes'（邦訳『ムハマド・ユヌス自伝——貧困なき世界をめざす銀行家』 猪熊弘子訳、早川書房、一九九八年）。

Yunus, Muhammad. 2006. *Social Business Entrepreneurs Are the Solution*. Grameen Bank.

_____. 2008. *Creating a World Without Poverty Social Business and the Future of Capitalism*. SUBARNA.

_____. 2010. *Building Social Business: The New Kind of Capitalism that Serves Humanity's Most Pressing Needs*. PublicAffairs.

———. 2011. "Grameen Bank At a Glance." http://www.grameen-info.org/index.php?option=com_content&task=view&id=26&Itemid=175 (accessed March18, 2014).

阿部彩他『生活保護の経済分析』東京大学出版会、二〇〇八年。

岩田正美『現代の貧困——ワーキングプア／ホームレス／生活保護』筑摩書房〈ちくま新書〉、二〇〇七年。

大杉卓三、アシル・アハメッド『グラミンのソーシャルビジネス——世界の社会的課題とどう向き合うか』集広舎、二〇一二年。

菅正広『マイクロファイナンスのすすめ——貧困・格差を変えるビジネスモデル』東洋経済新報社、二〇〇八年。

———『マイクロファイナンス——貧困と闘う「驚異の金融」』中央公論新社〈中公新書〉、二〇〇九年。

塩野谷祐一『経済と倫理——福祉国家の哲学』東京大学出版会、二〇〇二年。

橘木俊詔・浦川邦夫『日本の貧困研究』東京大学出版会、二〇〇六年。

西山隆行「アメリカの移民政策における安全保障対策と不法移民対策の収斂」『甲南法学』甲南大学、五四巻一／二号、二〇一三年。

根岸隆『経済学のパラダイム』有斐閣、一九九五年。

日本総合研究所『我が国におけるマイクロファイナンス制度構築の可能性および実践の在り方に関する調査・研究事業』（平成二四年度セーフティネット支援対策等事業費補助金社会福祉推進事業）、二〇一三年。

さ

し

せ

そ

た

ち

索　引

【著者紹介】

菅　正広（かん　まさひろ）

明治学院大学大学院教授
グラミン日本準備機構　理事長

1956年福島県生まれ。1980年東京大学経済学部卒業、同年大蔵省入省。1984年英国ケンブリッジ大学修士（MA）。相馬税務署長、国税庁・証券局課長補佐、主計局主査、OECD（経済協力開発機構）税制改革支援室長、財務省国際局・関税局課長、大臣官房参事官、アフリカ開発銀行日本政府代表理事、世界銀行日本代表理事などを歴任。この間、北海道大学公共政策大学院教授、米コロンビア大学ビジネススクール・フェロー、グラミン・アメリカ・シニア・アドバイザー、アライアンスフォーラム・カウンシルメンバー、FDA理事、モザンビーク新銀行株式会社取締役会長などを経て、2017年4月、明治学院大学大学院教授に就任。同年8月よりグラミン日本準備機構理事長として、グラミン日本の設立準備を進めている。

主な著書・論文：『マイクロファイナンスのすすめ――貧困・格差を変えるビジネスモデル』（東洋経済新報社、2008年）、『マイクロファイナンス――貧困と闘う「驚異の金融」』（中公新書、2009年）、「チュニジア『ジャスミン革命』の衝撃」（『ファイナンス』財務省　2011年3月）、「鉄道共済年金対策関連法案について」（『ファイナンス』　大蔵省、1990年2月）、「証券分野の規制緩和について」（『証券業報』日本証券業協会、1996年2月）、「自由貿易協定（FTA）について」（『貿易実務ダイジェスト』　日本関税協会、2003年11月）、“Emerging Issues In Future Tax Reforms—Challenges for Tax Authorities in a Globalizing Economy”（OECD, September 1998）など。

貧困克服への挑戦
構想　グラミン日本
――グラミン・アメリカの実践から学ぶ先進国型マイクロファイナンス

2014年7月16日　初版第1刷発行
2018年6月25日　初版第2刷発行

著者　菅　正広
発行者　大江道雅
発行所　株式会社明石書店
〒101-0021 東京都千代田区外神田6-9-5
電話　03（5818）1171
FAX　03（5818）1174
振替　00100-7-24505
http://www.akashi.co.jp
装丁　明石書店デザイン室
DTP　レウム・ノビレ
印刷／製本　モリモト印刷株式会社

（定価はカバーに表示してあります）　ISBN978-4-7503-4041-8